アイルランド、妖精郷を訪ねて

アイルランド各地にはさまざまな妖精伝説が伝わる。
何気ない田舎道を歩いていても、妖精たちに出会える気分になり楽しい

51 番遺跡。アイルランド各地の古代遺跡には妖精が住むとの言い伝えがある

アラン諸島・イニシュマーン島の名所「シングの椅子」から大西洋を一望する

ケリー県キラーニーを流れるフレスク川。アイルランドでは街の近くに豊かな自然が広がる

マンスター地方・ケリー県の岬に立つキリスト像。岩肌を削って設置されている

ケリー県ラスモア郊外の
「女神の乳房」の麓にある
スタンディングストーン

「The City」にある「聖
グロブディアの井戸」

Fairy and Folktales of Ireland

Yoshio Takahata

アイルランド妖精物語

高畑吉男

戎光祥出版

目　次

はじめに

妖精とはなんだろうか。

可憐な花々や巨木に宿る精。眠れる森の美女の冒頭、姫に様々な祝福を与える魔法使いのような仙女。ピーター・パンに登場する焼きもち焼きで愛らしいティンカーベル。指輪物語などのファンタジーで活躍する美しい生き物。誰もが耳にし、そして何となく想像のつく存在だろう。しかし、それをはっきりと定義することはなかなか難しいのではないだろうか。自然霊。泉や森、その土地の守り神。それともまだ発見されていない未確認生物だろうか。

様々な意見が出てくる。どれもが「妖精」という存在のひとつの側面を言い表していると思うが、正鵠を射ているとは言いがたいのではないだろうか。

誰もが知っているのに、その実像は曖昧模糊としている。想像の産物なのだから当然という声も聞こえてくるが、もしも妖精たちの手で作られた遺跡があるとしたらどうだろう。

アイルランドに彼らの遺跡がある。北西ヨーロッパに位置する島国。外務省の基礎データによると、面積（北アイルランドを除く）は7万300平方キロメートル（北海道の面積の約8割強）で、人口は約492万人（2019年アイルランド中央統計局推計）だという。緯度的には樺太辺りに位置し寒冷地に属するが、大西洋を流れるメキシコ湾暖流のお陰で、冬でもそれほど寒くならず雪も少ない。

同時に人口の8割がカトリックを信仰するキリスト教の国。国旗の3色は、緑がカトリック系アイルランド人を、オレンジがプロテスタント系英国人入植者を、白は両者間の恒久的な共存の願いを示し、英国支配に苦しみ、南北に分かれて争った歴史を経て和解を実現した歴史を象徴している。

主要産業は金融、製薬、通信産業となっているが、少し都市部を離れると緑の牧草地が広がり、羊や牛馬が佇む長閑な牧畜の国でもある。他にもギネスビールやアイリッシュミュージックなどがアイルランドからイメージされるだろう。

そしてもうひとつ。妖精がある。

『アイルランドに行けば妖精に会える』

『あの国にはまだ妖精たちが住む場所が残されている』

そう耳にした人もいるのではないだろうか。真偽は定かではないが、アイルランドは妖精の国として知られている。

ではなぜ、そう言われているのだろう。その理由のひとつに、この国に残された民話や伝承がある。

その中で、古代のストーンサークルなど環状列石や土塁で作られた囲い地は、時に妖精砦と呼ばれ、彼らの手で作られ、妖精が棲むと伝えられている。

彼らは夕暮れ時になると姿を現し、時に人を攫うという。攫われた人は何年も戻ってこず、たとえ戻ってきたとしても、二度と元の生活には戻れないそうだ。

アイルランドに伝わる民話や伝承に登場する妖精たちは、日本でぼんやりと知られている妖精像を遙かに超えて、生き生きとしている。北海道より少し小さいこの国には、他のどの国にも引けを取らない数の、そしてバラエティに富んだ妖精物語が残されているのだ。イエイツやダグラスハイド、グリム兄弟を魅了したこの国の妖精譚は、伝統的な語り部（シャナキー）たちによって、夜毎、暖炉の前で語り継がれてきた。そんな彼らの物語に魅了されて、もう40年以上経とうとしている。最初は白雪姫と7人の小人、人魚姫やピーター・パンなど誰もが知るお伽噺がきっかけだった。読み漁り、追い続けるうちに、自分でそのお話を語るようになり、妖精譚の語り部としての活動が10年を過ぎた。アイルランドにも2009年、2019年の2回、長期滞在し、その間も毎夏訪れ、地元に伝わる妖精譚を採集し、その舞台を訪ね歩いた。そうして得た経験などを交え、

『どうして妖精は人を攫《さら》ったりするのか』

『妖精はなぜ妖精砦に棲んでいるのか』

『彼らは何者なのか』

について考えることにした。語り部として選んだ場所に出かけ、彼らの影を追いかけてみようと思う。

2021年6月夏至

高畑吉男

第Ⅰ部　西部篇

第一章　スライゴ

いつの時代も妖精譚は人を惹きつける。それは、シンプルに愉快で荒唐無稽だからということもあるが、どこか懐かしさを感じさせるから、ということもあるのではないだろうか。ウイリアム・バトラー・イエイツがスライゴの語り部の元に足繁く通ったのも、そんな理由があったのかも知れない。

スライゴはアイルランドの北西部に位置し、県都スライゴは、西部コノハト地方ではゴールウェイに次いで2番目に大きな街である。ダブリンのターミナル駅のひとつであるコノリー駅から電車で3時間ほどで到着するスライゴは、ガラボーグ川を中心にして拓けたこぢんまりとした、けれど居心地のよい街だ。

あちらこちらで、イエイツの肖像画をプリントしたポスターや彫像が目を引く。ダブリンで生まれたイエイツは、父親の都合で幼い頃にロンドンへ移り住んだ。しかし、一家はスライゴの裕福な母方の祖父の家をたびたび訪ねていた。そこで彼はこの地に伝わる妖精伝承やアイルランド独特の風習に触れたという。

その後、詩人として名を成したイエイツは、同時にアイルランド文芸復興の担い手として、またスライゴを中心とした妖精譚の蒐集と分類など、後の妖精学に大きな足跡を残した。そんなイエイツに

スライゴの街中から臨むベンブルベン山

多大な影響を与えたスライゴは、妖精伝承にこと欠かない土地なのである。

大通りを渡るとすぐに賑やかな通りに出る。映画館やショッピングセンター、ファーストフードに高級レストラン、ドラッグストアに本屋、パブも軒を連ね、楽器屋も見える。スライゴでは毎年夏になると音楽祭が開催され、アイルランドはもとより世界から伝統音楽奏者が集まる。ルナーサなど、スライゴ出身の有名ミュージシャンも多い。

目抜き通りをすり抜け、ガラボーグ川沿いを歩く。川沿いにもカフェやレストランのオープンスペースが広がっていて歩くだけで楽しい。穏やかに流れる川面には白鳥などの水鳥が泳ぎ、目を凝らすと魚影らしいきものが翻る。このまま川の流れに逆らって進むと街を外れ、ギル湖へ続くが、徒歩で湖へ向かうのは厳しい。

踵を返して、河口へ向かう。途中、川縁から釣り糸を垂れる人を見かける。河口へはものの5分で着く。ヨットや漁船が並ぶ波止場に立つと、潮風が心地良い。

スライゴとはアイルランド語でSligeach、貝の地、つまり貝塚を意味する地名で、昔から海の恵みを受けてきた街だ。ちょうど引き潮なのだろう。水面が凪いで鏡のようだ。そしてその水鏡にぼんやりと映る山が見える。

これが妖精の山ベンブルベンだ。標高は526メートル。その名はアイルランド語で山や顎、くちばしという意味だという。

まるで山の中腹からナイフで上部を切り取ったような、テーブル形をしている。見ようによっては、顎というよりナポレオンフィッシュの頭にも見える。ガイドブックによると、氷河期に氷河によって削りだされたという。山肌には幾つもの大きな縦筋があり、まるで巨人が爪を立てた様にも思える。なんとも不思議な形をした山である。

事実、この山は古くから神秘的存在と結びついて語られている。アイルランド神話に名高い美丈夫ディルムッド・マク・オディナに致命傷を負わせた魔猪もこの山に棲んでいたという。イエイツの詩でも、妖精たちはこの山からやってくると詠われている。妖精譚を追いかける旅としては、なんとも魅力的だが、今回の目的はベンブルベンではない。宿に荷物を預け、そのままバス停に向かう。平日だが、昼下がりのメインストリートは、ショッピングを楽しむ人たちや観光客でそれなりに賑わっている。

アイルランドの遺跡と言えば世界遺産にも登録されているニューグレンジ遺跡をはじめとするボイン河流域の遺跡群が有名だ。しかし、こと妖精伝承、そして年代の古さで言えば、キャロウモア遺跡群に軍配が上がる。

スライゴの市街地から4キロほど南西に行ったところにあるキャロウモア遺跡群は、隧道《ずいどう》付き墳墓《ふんぼ》や丸石で描かれたサークルなど、中には6000年前まで遡ることができるものまであるそうだ。西欧の端、アイルランドのスライゴには、ピラミッドやストーンヘンジより古い遺跡が佇んでいる。

遺跡群へはスライゴの街からバスに乗って10分ほどで着く（以前は路線バスが目の前まで走っていたが、2021年現在廃止となった）。メインストリートを抜け、海とベンブルベンを背にしてバスは進む。ものの5分で牧場と住宅が混在するエリアに入る。ごく普通の民家の横で、牛が草を食む景色はいつ見ても長閑《のどか》だし、時に驚く。

ほどなくバスはキャロウモア遺跡群へリテージセンター前に到着した。センターと言ってもさほど大きくはなく、村役場という風情だ。入場料を支払い中へ進む。センターにはこの遺跡のあらましについての展示があるが、やはり足はすぐに古墳群に向かってしまう。薄暗い展示室を抜けると、緑のフィールドが広がっている。風が渡るとつやつやと緑に輝く草がそよぐ。夕方には雨が降るのだろうか、ツバメたちが低い位置をまるで風を裂くように飛んでいる。時折、牛の鳴き声が遠くから聞こえる。

そんな野のそこここに石造りの遺跡が散らばっている。丸石で描かれた円陣や、大きさを揃えたかのような石で組み上げられた塚など、大小さまざまな30以上の遺跡が集まっている。遠くに鉄線が張られていて、そこから向こうは私有地らしい。いわゆる牧場で、茶色い牛たちが思い思いに初夏の午後を過ごしていた。

石を積み上げたり、並べたりして作られた太古の遺跡。そんな中に、ひとつだけ毛色の違うものがある。51番と番号を振られた石を積み上げて作った墳墓。高さは4メートル、直径34メートルほど。本来は盛り土があったようだが既にそれはなく、中心の石室が剝《む》き出しになっている。

その石室には、チャンバーと呼ばれる石組みの箱が据えられていて、天板は真っ平らな石になっている。他の墳墓はどれも自然石を組み合わせて作られている（ように見える）のに対して、これは明らかに手が込んでいる。

紀元前３５００年前に建設されたと推定されるこの遺跡からは、火葬の跡が見つかったらしい。恐らくはこの辺りの有力者が葬られたのだろうが、それはどんな人だったのか。またこの遺跡には、近年見つかった墳墓にはない仕掛けがあるという。ハロウィンの朝日が51番遺跡の隧道を通り、最奥の部屋（チャンバー）を照らすのだ。

朝日が昇ってほんの僅かの間の光のショー。同じような仕掛けでは前述のニューグレンジが有名で、あちらは冬至の朝日が射し込む。

古代文明の技術力の高さは、メソポタミアなど四大文明がよく知られているところだが、アイルランドにも、天文に通じた高度な文明が花開いていた。惜しむらくは、彼らは文字を持たなかったので、どんな生活をし、どんな宗教観があったのかはほとんど窺い知れない。そんな高度な文明を持った彼らはどこに消えたのか。

アイルランドには、日本神話の天孫降臨とよく似た神話が伝えられている。それは次のように語られている。

アイルランドの始まり

昔々、広い広い海原にひとつの島がありました。その島は冬でも緑が青々として、エメラルドのように美しい島でした。5月1日のことです。女神ダヌを祖に持つダーナ神族が、遙か遠いところから魔法の雲に乗ってやって来ました。

彼らは魔法を使い、強力な力を持っていたので、魔法の雲に覆われたこの島は、三日三晩、日が射しませんでした。ダーナの神々たちは、今で言うアイルランド南西部ケリー県に都市を築き、この島に立派な国を作ろうと決めました。

けれど、エメラルドの島には、既にフィルボルグという人たちが住んでいたのです。フィルボルグというのは、革袋と言う意味で、ダーナの神々が雲に乗ってきたように、彼らも革の浮き袋に乗って、この島にやって来ていたのでした。

ダーナの神々と、フィルボルグたちは、どちらが真の支配者か、覇権を賭けて戦いました。多くの血が流れましたが、ついにダーナの神々たちは、先住のフィルボルグたちを打ち負かすことができました。全てが終わり、支配権を得た神々は、革袋の一族にこう言いました。

——私たちはこの島の、東と南と北を支配する。お前たちは西に住むが良いと。

フィルボルグたちは、アイルランドの西に移り住むことになりました。ダーナの神々はアイルランドで平和に暮らせるようになりました。

しかし、それも永遠には続きませんでした。悪魔のようなフィモール族がやって来たのです。その悪しき力に神々は一度は破れ、彼らの奴隷となってしまいました。神々の王ダグダも奴隷になり、満足にご飯も食べられない有様でしたが、彼らは決して挫けませんでした。虎視眈々と、反撃の機会をうかがっていたのです。

そしてとうとうモイトゥラという平原で、一大決戦が繰り広げられ、ついに神々はフィモール族を打ち負かすことに成功したのです。

やっと神々は、何に怖れることなく暮らせるようになりました。

けれど、またも海は、スペインからミレシアの一族を運んできたのでした。神々も必死になって戦ったのですが、アイルランドはミレシアに味方したようで、ダーナ神族は、この国をミレシア族に渡すことにしました。

「地上の支配権を私たちはミレシアの民に譲ろう。そして私たちは、地の底、波の底に楽土を作ろうではないか」

そうして彼らはアイルランドの表舞台から去っていったのです。

ここに登場するミレシアの一族というのが、今のアイルランド人のことらしい。

地上の支配権を譲り渡した神々は、どこに消えたのか。それこそがまさに妖精郷『ティル・ナ・ノーグ』、常若《とこわか》の国なのだ。伝説では、地下や波を越えた向こう、そして湖底にあるとされ、老いも争いもないところだという。食べ物の酒に溢れ、この世の富が溢れる場所。

後の人々は、アイルランド中に散らばる不思議な遺跡は、妖精たちの仕処、もしくは彼らの世界へ繋がる門であると考えた。

特に5月1日の前夜やハロウィンは、彼らが塚から出てくる。不幸にもそれに出会すと連れ去られたり、目に見えない投げ矢を射かけられて、半身不随などになるという。

こんな話がある。

全てを失った億万長者

キャバン県に、とても古い妖精塚がありました。ある調査によると紀元前２０００年頃のものだとされていました。土地の人たちは、妖精が棲むと言って不用意に近づこうとしませんでした。だって、もし彼らを怒らせたら、ひどい祟りがあると伝えられていたからです。

しかし、ある億万長者が、この塚を動かそうとしたのです。土地の人たちは驚いて、止めるように長者に言いましたが、彼は聞く耳を持ちません。手続きを済ませ、発掘し、彼はその塚を、自ら所有するホテルの庭に移築してしまいました。すべては滞りなく進んでいったのですが、土地の人たちは塚に棲む妖精たちの祟りを怖れたのは言うまでもありません。

そして、その懸念通り、億万長者はその後、全ての富を失って破産したのでした。

もちろん、この件すべてが妖精塚を移築したことに関係しているとは言えないし、土地の人たちの中にも妖精の存在を信じていない者も大勢いる。しかし、

『妖精塚や砦に手を出すと、不幸に見舞われる』

そういう共通認識が、強弱関わりなく、アイルランドにはあるのだ。

同時に、彼らのことを妖精と名指しすると機嫌を害するので『あちらさん』とか『善き人々（アイルランド語で“daoine maithe”）』と婉曲的に呼ぶ習わしも残されている。

日本で言うところの、お稲荷様（とそのお使わしめのおきつね様）に不敬なことをすると、末代まで祟られるというのと同じようなものだろう。

展示されている当時の人たちの生活再現模型など、遺跡を見た後では、よりリアルに想像力が働く。日本の縄文時代や弥生時代と同じような生活がここで営まれていたのだろう。

その中で一際目を引くパネルがあった。黄金の鎧で身を固めた女性のイラストが描かれていた。彼女は静かに目を閉じている。背中には何本もの槍。そして剣と盾。毛皮や宝飾品で飾られた姿は、明らかに彼女が族長、ないしはそれに準じる身分だと示している。けれど、その顔に生気は感じられない。そればかりか首には鎖が巻き付けられている。同じように胴体にも。

彼女はコノハトに君臨した女王メイヴ。たぐいまれなる女傑である彼女は、このキャロウモア遺跡群の近く、ノックナレアの山頂に立ったままで埋葬されているというのだ。このイラストは、そんな彼女の想像図。立ったまま埋葬された女王とは。早速彼女に会いに行こう。

ヘリテージセンターを出て、道路の向かい側の遺跡群に向かう。

こちら側は、より牧場などの私有地と隣接していて、さらに長閑だ。ハリエニシダの棘と、その蜜に集まる蜂を気にしながら農道を行く。暫くすると家畜が逃げ出さないように設えられた鉄柵を潜ると、広場に出る。そこには、それまでと同じように石を組み上げられて作られた墳墓が姿を見せる。

工法はもちろんこれまでと同じなのだが、すぐ傍に牛が侍る光景は、ああ、生活の中に妖精塚があ

キャロウモア遺跡とノックナレア山のコントラスト

るのだな、と思わせてくれる。なにより、借景となるノックナレアの山の背が、より塚を印象的に魅せている。

ノックナレア。高さ327メートル。ベボルバンと同じように台形をした山だが、あちらより山裾がなだらかで、いくらか女性的に見える。なにより特徴的なのは、峰の真ん中にある出っ張りだ。まるで山の臍に見えるそれは、女王メイヴの墳墓。あそこに彼女は立ったまま埋葬されていると伝えられている。

彼女が最も活躍するのは、アルスター神話群と呼ばれる北部アルスターを舞台とした戦記物だろう。クーリーの赤牛を争って、西のコノハトと北のアルスターが戦った。その最中、多くの英傑が登場するのだが、一際輝くのが、アイルランドの光の神子クーフーリン。大人と言うにはまだ幼さを残す彼は、ゲイボルグという魔槍を引っ提げ、単騎でメイヴの軍勢と渡り合う。

ことの始まりはこう伝えられている。

牛争いの始まり

ある夜のこと。

女王メイヴと、その夫コノハト王アリルは、夫婦の営みの後、こんな話をし始めました。

「ねぇ、あなた。私もあなたも充分すぎるほどの富を蓄えているけれど、果たして、どちらが真の長者なのかしら」

するとアリルはこう答えました。

「そんなものは私に決まっている。私の方が沢山の富を持っている。お前など、私が妻として迎えてやったから、今の暮らしぶりがあるというものだ」

それを聞いたメイヴは黙っていませんでした。

「まぁ、なんてことを言うのでしょう。あなたの富など、私の持参金で得たようなものではありませんか！」

2人はどちらが真の富豪か比べることにしたのです。金の虫ピン、指輪、ブローチ、そして奴隷の数。果ては家畜の数まで競い合いました。しかし、どちらも甲乙付けがたく、なかなか勝負は決まりませんでした。

　とうとう、アリルはとっておきの雄牛を引っ張り出しました。それは背中で7人の男女が愛し合える大きさをしていたというのです。

　メイヴはその時「やられた」と思いました。

　実は彼女も、アリルの大牛に引けを取らない牛を持っていたのですが、その雄牛は女性に飼われることをよしとせず、人知れず北のアルスターに去って行ってしまっていたのでした。

　当時のアイルランドでは、家畜の所有権は土地の所有者にあるとされていて、その牛は、現在メイヴのものではなく、北のアルスター王のものになっていたのです。

　メイヴは悔しくて、悔しくて仕方ありませんでした。ですから、さっそく北のアルスター王のところに使いを出しました。

「あなたの雄牛を私に貸して下さい。もし貸して下さるなら、雄牛と同じ重さの金と、雄牛と同じ価値のある女奴隷たちを送りましょう」

と。アルスター王は、その申し出を一旦は受け入れたのですが、その後、約束を反故にしてしまいました。なぜなら、メイヴが牛を欲した理由が、取るに足らない宝比べにあると言うことと、もしも牛を貸さなければ女王は力尽くでも牛を奪うだろう。戦上手の女王にかかれば、アルスター王など物の数では無い、という話をメイヴの使いが話しているのを聞いてしまったからです。

その返事を聞いたメイヴは、烈火のように怒りました。そして居並ぶ家来たちに命令したのでした。「貸してくれぬというなら奪うまで！　さぁ私の愛しい兵士ども、北に攻め入り、雄牛を奪うのです！」

『アルスター神話群・クーリーの牛争い』は、日本の平家物語のように、広く愛備され親しまれてきた。アイルランド神話の中心といっても過言ではないだろう。この神話群の中で強烈なキャラクターを見せる女王メイヴは、アルスターの少年英雄クーフーリンと並んで大変人気がある。旧アイルランド紙幣にも想像ではあるが肖像画が描かれていた。

ヘリテージセンターに戻り、受付の女性に頼んで地元のタクシーを呼んで貰う。街へ戻るのか、と訪ねられたので、女王に会ってくると返すと、今日はお天気が良いからきっと彼女もご機嫌よ、と返してくれた。すぐにタクシーはやって来て、さらに郊外へ向かう。車ではものの15分とかからないが、歩くと坂道などもあり小一時間はかかる。途中、小学校やゴルフ練習場などがあるが、静かな田舎道である。タクシーは麓の駐車場に着き、帰りの為に運転手の名刺を貰う。

ここからは徒歩だ。高さ300メートル弱。山といってもそれほど高いわけではない。登山というほど大げさなものでもない。山裾からの牧場がそのまま山頂近くまで続いていて、牧夫たちが踏みつけた道をゆく。山肌にはヒースやハリエニシダが所々繁るが、木と呼べるものはほとんどない。これはアイルランドの山々共通の特徴で、日本の山と比べると、変化に乏しいとも言えるが、お陰で歩き

女王の墳墓からスライゴを見下ろす

やすい。

しかし、至るところに散らばる羊たちの落とし物には注意が必要だ。他にも、あちらこちらにウサギかキツネの巣穴も見える。途中、道を見失ったり、迂回しながら、小一時間ほどで山頂近くに辿り着く。この辺りからは緑はなく、ただただ砂利や小石が地面を埋めている。

息が切れそうになった顔を上げれば、眼前には、メイヴの乳首。処刑台の丘ともいわれるノックナレアの妖精塚が飛び込んでくる。

高さおよそ10メートル。幅55メートル。花崗岩の小石を積み上げて作られたこの妖精塚は、新石器時代の隧道付き墳墓とされている。麓のキャロウモア遺跡のどこからも見通すことのできる女王の墳墓とノックナレアは、恐らく祭祀的に重要な意味を持っていたことは容易に想像できるが、あくまでも想像でしかない。なぜなら、この女王の墳墓はまだ本格的な発掘がされていないのだ。神話に名高い女王が、立ったままで埋葬されている。「そんな墳墓なのになぜ？」そう思うのが人情だが、そもそもこの墳墓と女王がこの地を治めていた（と語られている）頃とでは時代が違う。女王は鉄器時代の人なのだ。

けれど。と振り返れば、緑、若草、茶、ヘーゼル。まるで鮮やかなパッチワークのようにスライゴの平野が広がっている。ポツポツと見える白い粒は羊たちだ。

左手にはスライゴ湾が、穏やかな海の色を見せている。船が行き交い、航跡がゆっくりと消えてゆく。

――今まで見たこともない美しい女性が降りてきた。剣を腰に下げ、手には短剣を持っていた。

イエイツは土地の老婆から聞いたという。今でも女王は、スライゴの守り神として、この地を守っている。そう思われているのだろう。現に、彼女は、支配権を司り、授与する女神だと考えられている。

神話においてメイヴはアイルランドの象徴的上王（ハイ・キング）の娘とされる。またメイヴという名前は、蜂蜜酒ミードに由来する。つまり蜂蜜酒に酔った女性と言う意味で、一説には、王たらんとする男は、必ず彼女と寝なければならず、彼女はその証として、自らの血を混ぜた蜂蜜酒を振る舞ったという。

蜂蜜酒は日本ではまだメジャーではないが、最古の酒のひとつとして、また様々な薬効、ひいては詩の霊感を与える霊酒として各国の神話に登場する。今のように手軽に蜂蜜が手に入らなかった時代。

黄金色に輝く芳純なひと口は、貴重であり、女王から授けられる一滴は、なによりもの勲章であっただろう。

蜂蜜酒の名を冠する彼女は、キリスト教化が進む中で、人の女王となり、アルスター神話に組み込まれていった。それは多くのアイルランド土着の神々が、キリスト教化の中で、神格を失い、矮小化していった流れと同じなのだが、彼女は違った。口承文学や語りの世界では、似た名前や性質をもつ別の存在が、いつしか混同され、同一視されることがよく起きる。

シェイクスピアのロミオとジュリエットにこんな場面がある。

ああ、じゃ、おまえ、マブの女王と一緒に寝たな。

妖精たちが夢を産むのを助ける産婆役だ。町役人の人差し指に光る瑪瑙《めのう》のように小さな姿でやってきて、芥子粒《けしつぶ》ほどの小さな動物の群れに車をひかせ、眠っている人間どもの鼻先かすめて通って行く。まわる車輪のスポークは、足長蜘蛛の足。広がる幌は、バッタの羽だ。馬を牽く綱は、蜘蛛の細糸、首輪は、しっとり月の光、鞭の棒は蟋蟀の骨、鞭の縄は細い糸、御者は灰色の服を着た小さな蚋だが、だらしない女の指先から湧くという丸い蛆の半分の大きさもない。

車体はヘーゼルナッツの殻。作った大工は、昔から妖精の馬車造りを引き受けてきた栗鼠か甲虫だ。かくも豪華ないでたちで、夜毎に走るマブの女王。恋人の頭をかすめりゃ、愛の夢。宮廷人の膝先かすめりゃ、お辞儀の夢。弁護士の指先かすめりゃ、謝礼の夢。貴婦人の唇かすめりゃ、キスの夢。

——

(引用　新訳 ロミオとジュリエット 河合祥一郎・著訳〔角川文庫〕)


有名なマキューシオの独唱部分である。

ここに出てくる夢を司る芥子粒のように小さな妖精女王がマヴ。

この名前と、メイヴの名は似ていたのだ。様々な学説を紐解けば、そもそもマヴがメイヴに繋がると説かれることもあれば、マヴは妖精の侍女であり女王でなかったとも言う。

さて、どちらが先なのだろうか。この判然としない緩やかな混同は、今のようにルーツや原典と言われるなにかを簡単に探せなかった往時。人から人へ口伝えで語られる物語の性質としてよく見られる。

改めて女王の墳墓を仰ぎ見る。コノハトを治めていた女傑は、今は妖精郷まで領地にしているのか。

薄らと雲のかかるスライゴの空と、石が積み上げられた妖精塚。するとそこに人影が見えた。

まさか女王？　……ではないだろう。

背中にリュックを背負った男性が塚に登っていた。同じような装いの連れと話す英語とは違う言葉から、海外からの旅行者だと分かった。彼らはまるでエベレストを登頂したかのようにはしゃぎ、カメラを構え始めた。一昔前なら考えられないことだ。砦や塚を汚し、良き人々の怒りを買って、破産した富豪の逸話が蘇る。

しかし、彼らはそんなことにはお構いなしなのだろう。もしかしたら、逸話を知らないのかもしれない。それとも、知っていても「ただのおとぎ話さ」と気にも留めないのだろうか。

アイルランド全土に6万はあるのではないかと言われている、これらの墳墓や砦跡は、時代の流れの中で、取り壊されたり、開発のためにコンクリートで埋められてしまったりしている。中には高速道路の下になったものもある。もちろん、それは発掘調査の済ませたうえで、ということだが、それでもこの国独特の景観は失われつつある。麓のキャロウモア遺跡がそうであるように、天体と関係している遺跡は、その景色があってこそ意味があるのだから。

このような話は、アイルランドだけではなく、日本でも古墳を発掘調査した後で宅地にしたという話はよく耳にする。人は歴史を足場にして、前に進む生き物だ。しかし、自分たちの踏み固めた道が、無味乾燥とした灰色だとしたら。

麓へ戻る途中、立ったままで埋葬され、今でもこの地を守護する妖精女王に頭を下げた。駐車場から電話をすると、タクシーは5分とかからずやって来てくれた。どうやら、この近くを流していたらしい。

「スライゴの街まで」。そう言って乗り込むと、気の良い運転手は
「どうだい、女王さまには会えたかい？」

その声は、まるで意中の人には会えたかい、と聞くような軽やかさだった。

スライゴのメインストリートの美しい街並

女王の墳墓周辺の様子

第二章　イエイツとサリーガーデン

翌日、ガラボーグ川を少し遡ることにした。ギネスビールが黒いのは、アイルランドの川の水が黒いからだ。そんな冗談がある。

確かにアイルランドの川は黒い。だが、決して汚れているのではない。それはこの国にふんだんに埋蔵されているターフ（泥炭）が原因のひとつとされている。堆積した植物や有機物が時間をかけて濃縮され、一種の石炭となる。乾かしたターフは昔から重要な燃料とされ、今でも郡部を中心として暖炉に焼《く》べられ、その独特の香りは冬の風物詩に数えられる。また隣国スコットランド（イギリス）では、ウイスキーの香り付けにも使われる（アイリッシュウイスキーには燻製香をつけることは稀）。

そしてターフの層を経て湧き出る水は、茶色く色づく。手すり越しに川面を覗くと、まさにウイスキー色の中で魚影が見え隠れした。鱒だろうか。細長い水草が、川の流れにゆったりとそよいでいる。その様子は、まるで波の下にも地面があるようだった。こんな光景から、妖精郷、もうひとつの世界が、水の底にもあると想像したのだろうか。

対岸には、昨日と同じように、太公望が釣り糸を垂れていた。日本ではあまり知られていないが、アイルランドには釣りの名所が多数あることで知られている。とりわけサーモンフィッシングは、欧州では憧れの地だという。

遡るにつれて、両岸のカフェや商店は少なくなる。浄水場や学校などが現れ、護岸用に植えられた木々が川面に影を落とし始める。ほどなくして、川幅はグッと広がり、手こぎのボートなどが見られるようになる。まだまだ先だがガラボーグ川は、ギル湖に変じようとしているのだ。突き抜けるような初夏の空と、豊かな水と濃やかな緑が清々しい。どこを切り取っても、素晴らしい絵葉書になりそうだ。

それまで平坦だった道は、少し登り坂になり、川沿いの道と並走している車道を見ると同じような登り坂だった。キャンピングカーも目立つところを見ると、キャンプ場があるのだろうか。昨日のノックナレアからの眺めを思うと、なかなか素敵なコースだが、目の前に続く緑のアーチの方がそそられた。

この辺りまで来ると岸辺は護岸されておらず、様々な植生が顔を見せる。柳の木は水辺を好むというが、確かに柳が多く生えている。日本で柳と言えば幽霊と相場が決まっているが、妖精譚でも、柳の木は夜になると歩きだすという。こんな街灯もない岸辺で、夜歩きする木に出会ったら、どんな猛者でも腰を抜かすだろう。

ゆるゆると緑の中を進むと、船着き場だろうか、川面にせり出した踊り場のようなところに出た。辺りに人気は無く、時折羽をバタつかせる水鳥が泳いでいるだけだった。風も凪いで湖面は鏡のように流れる雲や、揺れる葦の葉を写していた。

なんとも旅情に誘われて、ポケットに忍ばせていたオカリナを取り出した。不思議なもので、旅に出るとつい演奏したくなる。特にこんな素敵な景色が広がっているときには。

Down by the Salley Gardens
イエイツが編曲したと日本人にも馴染みのある曲だ。吹き終わり、フゥと息を吐く。すると、後ろから拍手がした。誰かいたのか。驚いて振り返ると布袋腹の男性が手を叩きながら近づいてきた。ごま塩の口髭が、なんとも人懐っこさを醸し出している。

「妖精が演奏しているのかと思ったよ」

いきなりの言葉に再び驚いた。すると彼はこう説明してくれた。

「イエイツが、Down by the Salley Gardens を取材したのは、まさにこういう場所なんだよ。いつもの散歩道に来てみたら、その情景にピッタリの、でも不思議な笛の音がする。この街の人間なら、誰でも妖精だと思うさ。それに、あそこを見てご覧よ」

彼が指さした川の先には、小さな島があった。木々が生い茂ってはいたが、よく見ると石が詰まれて形作られた人工島のようだった。

「あれは昔の人が作った見張りの島だって言われているんだよ。それを後になって、妖精が作った島だってことになって。だから君は、妖精たちに囲まれて演奏していたんだよ」

ラウンドアバウトになった妖精砦と、そこに建つキリストの十字架

そう言って茶目っ気たっぷりに笑う彼は、街でレコード屋を営んでいるという。地元ミュージシャンをバックアップし、彼らのレコードも出していると誇らしげに言った。

妖精が演奏していたのかと思った。そういう考えが即座に浮かぶ土地。イエイツの愛した街であり、妖精女王メイヴの墳墓があり、至るところに遺跡が散らばっているところ。そういうところだからこその反応なのか、それとも妖精の国として世界に知られるアイルランドのお国柄なのだろうか。

女王の墳墓は訪れる観光客の心ない行いにより、損傷が激しいという。中には墳墓の石を持ち帰ったり、逆に別の場所から持ってきた石や人工物を置いていくものもいるそうだ。一日も早い保全と発掘調査が望まれる。別れ際、彼が、帰り道にぜひ寄ると良い、と妖精砦の場所を教えてくれた。

ツーリストオフィスで貰った地図に彼が丸をつけてくれる。しかし彼が示した場所は、どうも住宅街のようだ。「こんなところに果たして砦が？」と思ったが、到着すると納得した。そこは川沿いの静かな住宅地。ラウンドアバウト（無信号の円形交差点）の中に、妖精砦は鎮座していた。その真ん中にはキリストの十字架。まさしく太古の神がキリスト教に覆い被され、そして信仰心も妖精譚もまたエンジンの音に紛れてゆく。

なんという混成。まさに歴史のミルフィーユだ。イエイツ、妖精譚、そして現代。スライゴという街は、すべてが違和感なく重なり合い、見る者によってその表情を変える。そこは時間すら、マトリックスになっているような気さえした。

第三章　ロングフォード県ボイル

ロスコモン県にボイルという街がある。スライゴ県都の県境近く、ダブリンから電車でスライゴに向かう途中、ボイル川を中心とした人口３０００人に満たない小さな街だ。

このボイル川というのは、アイルランド最長の川シャノン川のことで、この街辺りを流れるときに、その名前を変える。このシャノン川について面白い物語がある。

女神シャノンが川になったわけ

その昔、まだ神々が、この地上にいた頃の話です。

アイルランドに長い長い川がありました。その川は大地を潤し、そして所々曲がりくねり、深い淵を形作っていました。そんな淵のひとつ。その畔には知恵の実を実らせるハシバミの木が生えていたのです。

その名の通り、もしその実を食べれば、この世のありとあらゆることを、未来過去の全てを知ることができると言われていました。けれど、その実には何人も触れてはならないという掟があったのでした。

ある日のことです。女神シャノンは、どうしてもその実を食べてみたくて、そっと淵に近づきました。誰も実に触れてはならないという掟は、神々をも縛っていたのですが、シャノンはどうしても我慢がならなかったのです。

彼女は腕を伸ばし、そっと知恵の実に指をかけようとしました。その時です。ゴボボッと淵の水が盛り上がったかと思うと、まるで大きな生き物のように、シャノンを飲み込んで攫っていったのでした。

シャノンは、二度と浮かんでくることはありませんでした。しかし、彼女はその後、この川の女神となり、川に名前を留めることになったのでした。

聖書にある知恵の果実と似た話である。そんな川が流れるボイルを歩いてみる。川には石造りの橋が架けられていて、その下には轟々と黒い水が流れている。

覗いてみたが、あまりの水量で水底はおろか、水草もぼんやりとしか見えない。川上で雨でも降ったのだろうか。ボイルの街は、この橋を中心に、川と交差するようにメインストリートが延びている。小さい町だが大型スーパーやカフェ。電気屋に小間物屋。結婚式の支度をする店に、葬儀屋まである。小さいながら人生の全てがこの街でこと足りるというわけだ。

この街の見どころは主に2つ。川沿いのキング卿の邸宅を再現したキングスハウスと街から少し外れたボイル修道院跡。そのどちらも夕方の今から足を運ぶには、いささか躊躇われる。

ならば少し川沿いを散策しよう。立て看板を見るとどうやら道が整備されていて、散歩道になっているようだ。激しい川音を聞きながら、足を進める。その途端。足の裏から首筋まで、一気に電気が駆け抜けた。怖気のようなそれは、足を竦ませて、その場から一歩も動けなくしてしまった。

どうしたというのだ。まるで蛇に睨まれた蛙のようだ。いや、もしかして、これは妖精の投げ矢（フェアリーダート）なのだろうか。悪意のある彼らが、上空から投げ矢を射かけてくることがある。それに当たると、痺れて動けなくなったり、下手をすると半身不随になることがあると言う。妖精塚や妖精砦で見つかる古代の鏃は、彼らの矢と言われた。

しかし、なぜこの場で？塚を汚したわけでも、砦に無断で入ったわけでもないのに。冷や汗を垂らしながら固まっていると、川上からふたり連れがやって来た。おじいちゃんとお孫さんだろうか。手には大きな魚がぶら下げている。

ふたりの声に、金縛りは解けた。つんのめりそうになるのを何とか堪える。あまりのことの驚きに、なんとなしに人恋しくなり、２人に声を掛けた。

「その魚はここで釣ったんですか？」

「ああ、そうさ。大して旨いわけでもないけど、今夜のおかずだ」

パイクという鱒の仲間らしい。

「この向こうには何がありますか？　遊歩道だって看板には書いてあったんですが」

「この先？　何も無いよ」

そう言って、ふたりは今日の釣果を揺らしながら帰っていった。さてどうしたものか。先ほどまでの嫌な気配は消えていた。時間を確認すると、夕方の6時。パブに行くにはまだ少し早いし、夕食も摂っていない。

気を取り直して橋を渡り、対岸の道を行くことにした。対岸は緩やかな下り坂になっていて、川沿いの住宅に沿って伸びていた。暫くすると、家並みは途切れ、緑の牧草地が現れた。川岸は護岸などされておらず、草原がそのまま川面に続いていた。流れる瀬が草の葉を洗っている。地面と水面が同じ高さなのか。

と、その時、また全身に電撃が走った。一体何なのか。ふと足下が目に入った。自分が今まで道だと思っていたところはもう既に消えていて、草原に足を踏み入れていた。しかもそこはブヨブヨと頼りなく、緑の絨毯の毛足からは、ジンワリと水が染み出している。

「ボッグか！」

この国の、特にミッドランドと言われるロスコモン州あたりは湿地が多く、地面だと思って足を踏み入れると、いつのまにか足下が水浸しになっていることがある。まさかこれは水魔の類いではないだろうか。そんな考えが頭を過ぎる。

アイルランドをはじめとする西欧でよく聞く伝承に、水辺には、人を深みに誘い込む水魔伝説が数多く残っている。有名なのはケルピー・水棲馬で、主にスコットランドで多く見られる。もちろんアイルランドにもアッハイーシュカという同種の水棲馬がいる。

彼らは人懐こい黒馬として、時に人の姿に変身し、巧みに水辺に誘い込む。一説には、水棲馬に乗ってしまうと、尻が貼り付いて離れなくなるという。そして水中に引きずり込まれ、肝臓以外すべて貪り食われてしまう。哀れな被害者の肝臓が岸辺に打ち上げられる、というのが話の筋だ。

まさか水棲馬に狙われているなんてことがあるだろうか。しかし、現に人気の無い水辺で得体の知れない気配に絡め取られている。怖気が恐怖に変わる。必死で気力を溜めて、見えないなにかを振り払うように回れ右をする。そして決して振り返らずに、街を目指して走った。もしも振り返れば、彼らの虜になるというのが、妖精譚のならいだ。

橋の袂まで来て、どうにも気持ちが落ち着かなかったので、袂にあったパブに飛び込んだ。客は誰も居らず、カウンターの中で、赤髭のマスターが「やぁ！」と景気の良い声で迎えてくれた。カウンター席と、奥にはビリヤード台。なかなか広く、設えも伝統的なアイリッシュパブよろしく、ビールサーバーには定番のギネスなどの他に地エールが並んでいた。

「なににする？」

カウンターの隅に腰掛けると早速注文を聞きに来てくれた。ギネスを注文すると、顔色を察したのか「どうしたんだい？」と続けて訊ねられた。水辺でのできごと。もちろんその前のふたり連れに会う前からのことも含めて全て話した。

するとこの店のマスター、ブレンダンは、ギネスを差し出しながらこう言った。

「それはスプーキーだな」

スプーキー。確かそれは幽霊を指す言葉だったか。

「実は、キミが金縛りに遭ったというところからいくらも行かない場所に、打ち捨てられた墓地があるんだよ。昔からそこにはスプーキーが出るってもっぱらの噂で、土地の者はあまり近づかないようにしているんだよ」

まさかそんなことが本当にあるのか。にわかには信じがたいようなことを聞き、驚いていると、ブレンダンは笑って

「明日、ツーリストオフィスで聞いてみると良いよ。みんな知ってるからさ」

とグラスを磨き始めた。水棲馬の類いではなく、いわゆるこの街の者は誰でも知っている伝承だろうか。ギネスとスミディクス（レッドエール）を干し、その日は宿に戻った。

第四章　ロスコモン県の妖精女王の居城

明けて翌日、ブレンダンの言ったことが本当だとわかった。ツーリストオフィスの受付嬢は「スプーキーね。それは本当よ」と当然のように言った。話を聞きつけた事務方のおばさんも、その奥で書類整理していたおじさんも、同じように肯いた。

驚きながらも、ふと、日本にも同じことがあると気が付いた。例えば夜毎ムジナが出て人を化かしたというムジナ坂。本所七不思議に数えられる「置いてけ堀」など、不思議な場所は数多い。そして今でも某かの気配が漂う場所もまた多い。知人が住む奈良のとある路地では、今でも落ち武者の足音がするという。それと同じことなのだろう。

都市開発で名前も変わり、逸話が消えてしまったところも多いが、それでも郷土資料を紐解けば、そういう逸話は豊富にあるものだ。もしかするとアイルランドの田舎の人たちは、日本が高度成長期に置き忘れてきたものを、今でも大切にしているのかもしれない。

そう言えば、ロスコモン県に、はっきりと場所が明記された水棲馬の話が伝わっている。

水棲馬

ロスコモンにウィリアム湖という小さな湖がありました。昔、そこには水棲馬が住んでいて、時々、浅瀬に顔を出したりしていました。

ある日、ウィリアムという男が、この水棲馬を捕まえて自分の物にしてしまったのです。彼は水棲馬に乗って狩に行き、その帰り道、湖を見下ろす小さな丘に登って行きました。馬は空気をスンスンと嗅ぎ、突然、湖に向かって疾走し始めたのです！

水棲馬は、ウィリアムもろとも、湖の深みに突っ込んで沈んでゆきました。彼らは2度と浮かんではきませんでした。

けれど、土地の人は、月明かりの夜には、この妖精の馬の頭が、湖に見えると伝えています。

(The School's Collection, Volume 0268, Page 241)

水棲馬は気性が荒いが、捕まえて手綱をかけることができれば素晴らしい乗馬になったという。しかし、少しでも水辺に近づくと、喩えどんなことがあろうとも水界に戻ろうとする。

他にも、水棲馬の話は伝えられているが、その多くは、彼らの危険性を示していて、子供などを水辺に近寄らせないために作られた躾話の側面もあると言う。子供はいつの時代も、「どうして？」ということをしでかしたり、こちらが背筋を凍らせるようなことをする。危ないと言われるところにも平気で行く。それを戒めるために、たくさんの妖精や怪異が生み出されたとしても、不思議ではない。

水辺の他にも、子供に悪さされたくない果樹園の花木の番人や、早くベッドに入らせたい親たちのための方便として妖精が生み出された。これらを『子供部屋の妖精』と妖精学では分類する。自分が子供の頃、遅くまで外で遊んでいると、ピエロがやって来て、サーカスに売られる、と脅されたが、人攫《さら》いピエロもまた彼らの仲間なのだろう。

気を取り直して、オフィスに並べられた観光パンフレットを物色する。今朝、開業時間すぐに、ここに来たのは、今日訪れる場所のリサーチのためだった。それはラスクラハン（アイルランド語読みでクラハン・イー）。同じくロスコモン州にある、女王メイヴと夫である王アリルが治めていたという王都跡である。

アイルランド国鉄はゴールウェイ、スライゴ、コークなど、主要都市を網羅しているが、都市部と遺跡の立地は必ずしも隣接しているわけではない。そのため遺跡巡りには「バスエーラン」という、アイルランドの高速バスが重宝する。国鉄がカバーしきれない小さな街や村を繋いでくれていて、乗り継ぎさえ気をつければとても便利なアイルランドの足だ。

ラスクラハンは、鉄道が停まるロスコモン県のロスコモンからも遠く、スライゴの帰路で立ち寄るとするなら、ボイルで一泊し、そこからバスで乗り継ぐのが良いと考えての選択だった。そもそも、ラスクラハンのあるトゥルスク村自体、宿があるのかどうか分からない、とても小さな集落だった。

女王のレリーフがデザインされた細長いリーフレットを手に取り、ビジターセンターの開館時間を確認し、バスの時間も調べる。なんとか、夕方までにはボイルの街へ戻れそうだ。早速、ビジターセンター裏のバス停へ向かう。

昨今のラグジュアリー系のそれと比べられると、いささか古めかしくはあるが、バスエーランの高速バスは、日本のそれとさほど変わりはない。運転手に行き先を告げると、片道か往復かを聞かれ、支払うと、薄い紙リボンのようなチケットをくれる。空席を見つけ、いそいそと座る。昼頃には到着する予定だ。前述の通り、ラスクラハンは、女王メイヴの王都跡だとされている。

妖精女王となった偉大なる女王が君臨していたとされる王宮跡。俄然、想像力が膨らむが、ラスクラハンと善き人々の関係はもっと前に遡る。

アイルランドには多くの妖精王と妖精女王がいる。王様は一人じゃないの？　とよく驚かれるのだが、これはアイルランドの国としての歴史を反映しているのだろう。ブライアン・ボルによって一時的に統一されたこともあるアイルランドだが、地域の族長が、各々の地域を治めていた時代が長く続いた。それと同じように、妖精塚にはそれぞれ妖精王がいて、それぞれの地域の妖精たちを従えていたと言われている。

無論、幾つもの塚や砦を統治する大王とも呼べる存在もいた。

そんな妖精大王の一人がミディール。ダーナ神族に連なる神の一柱である。

彼らは有名な話が残されている。『エーディンへの求婚』というのがそれだ。

ミディールとエーディン

今で言うロングフォード県にブリレイという丘があり、そこには妖精王のミディールが住んでいました。

ある時、ミディールはエーディンというそれはそれは美しい娘を后として迎えました。2人は仲睦まじく、いつも2人で連れ立って過ごしていました。

それをよく思わなかったのは、先妻ファムナッハです。彼女は嫉妬に駆られ、隙を見て、エーディンを魔法の杖で打ち据えたのです。哀れエーディンは蝶に変身させられてしまいました。

けれどミディールの愛は変わらず、花咲く東屋で、朝な夕なも2人だけで過ごすようになったのです。それを見たファムナッハの嫉妬はさらに燃え上がり、今度は大風を起こし、蝶になったエーディンを遠くに吹き飛ばしてしまいました。

さすがにミディールもこれには腹を据えかねて、ファムナッハを同じように大風で吹き飛ばしたのです。大風に巻かれたファムナッハはいつしか風の魔物となり、今でもアイルランドを吹き荒んでいるといいます。

一方、吹き飛ばされた蝶・エーディンは勇者エダールの后の杯に落ち、飲み干されたエーディンは、人の子として生まれ変わり、前世と同じく輝くばかりの姫として成長したのでした。その後、彼女はその美しさを認められ、上王エオヒドの元に嫁ぐことになったのでした。しかし、そんなエーディンの前に、前世、夫であったミディールが姿を現します。

「さぁ、私と共に帰りましょう」

話の結末としては、エーディンはミディールの元で幸せに暮らしたとも、人でしかないエーディンは、やはり人の夫を選び王弟の元に返る、というバリアントが語られている。

さて話を戻そう。エーディンを自らの妖精丘（ロングフォード県ブリレイの丘がそれとされる）につれ戻る途中、ミディールは、自らの所領である妖精塚で休憩を取る。その妖精塚の美しさに、エーディンの侍女であるクルーハンはいたく感動し、もしもこの塚がまだ誰のものでも無いなら、自分の名前をつけて欲しいと頼んだ。

ミディールは、エーディンと共に人界を捨て、妖精界に赴いてくれた彼女への感謝として、その塚に「クルーハン」と名付けたという。ラスクラハンはまさに、妖精に関係した場所であり、その伝説の上に建っていた王都なのだ。（The Metrical Dindshenchas によると、クルーハンは女王メイヴの母親と謳われている）

バスは国道を飛ばし、トゥルスク村に着いた。降ろされたのは本当に小さな万屋《よろづや》の前だった。いわゆるバス停の看板など無い。万屋自体がバス停というわけだ。いつから貼られているのか、随分日焼けしたアイスクリームのポスターを横目に見ながら、万屋でチョコレート菓子を買う。

さぁ、向かおう。ラスクラハンビジターセンターは、この万屋のほぼ隣りにある。センターと言っても、規模としてはキャロウモア遺跡のそれと同じ。緑の幟が風にはためいていた。カフェが併設されたセンターには、遺跡のあらましを展示した資料室と土産物や郷土資料の本の物販コーナー。割と広めの庭では、夏場などの週末にはそこで往時の人たちの装いに変身してハンティングゲームなどアクティビティが開催されているらしい。

平日の午前とあって訪問者は他におらず、受付で、遺跡への行き方を聞く。遺跡はここから4キロほど離れているのだ。

「それなら送ってあげるわ」

いかにも肝っ玉母さんという女性職員が、気前よく申し出てくれた。

「わざわざそんな遠いところから！」

車中で、日本から来たことを話すと彼女は驚きつつも、凄く喜んでくれた。確かに、目玉観光地とは言いがたいこの遺跡目当てに来るアジア人はそう多くはないだろう。両側には長閑な牧草地が広がり、すれ違う車もトラクターや家畜を積んだトラックが目立つ。

ほどなくして、彼女はハンドルを左に切り、大きな駐車場に車を停めた。

1号砦の前に建てられた史跡案内＆サイクリングルートの看板

「ここよ」

降りた彼女が指さす先は、ただただなだらかな丘があった。何頭もの羊が草を食み、時折カラスが飛び交っている。牛争い等の史跡を絡めたサイクリングロードを示した大きな地図看板がなければ、ここが遺跡だとは誰も気が付かないだろう。

ラスクラハン1号砦。二重の堀を持つ円形砦で、最大直径は89メートル。

「中には入れるわよ」

彼女は家畜脱走防止用の二重扉を指さした。

「じゃあ、気が済んだら電話して。迎えを寄越すから」

そう言って彼女はさっさと車に乗り込み、国道を走り去った。いかにもアイルランド人らしい朴訥とした優しさだ。

木の扉を開けて中に入る。ここも私有地だ。つま先上がりの草っ原を登る。このラスクラハン遺跡群は、キャロウモア遺跡と同じように遺跡が点在している。その数は200を越えるという。

登ってみると、先客がいた。パーカーのフードを被った女性だ。物思いに耽るような彼女を邪魔しないように、少し離れて立つ。足音に驚いた黒い顔の羊が、逃げ出した。牧草地と言っても、一種類の草が生えているわけではない。アザミに似たものや、民話でレプラコーンが金貨の詰まった壺を隠しているというノボロギク。そして名前も知らない黄色や薄紫の花があちこちに生えている。もちろん、羊たちの落とし物も。一瞬、目の端で動いた茶色い毛玉は兎だろう。

遠くに見える豪奢な邸宅は、この辺りの地主さんだろうか。あまりの広さに本当に今自分が王都跡に立っているのか不安になる。センターの展示で見た写真では、しっかりと円形の砦が空撮されていた。しかし、目の前にはただただ緑が広がっている。以前、仁徳天皇陵を訪ねたときも同じ気持ちになった。あまりにも有名な鍵穴型の古墳は、実際に訪ねてみると、掘り割りに浮かぶ緑の森にしか見えなかった。それだけこの遺跡群が広大と言うことなのだろう。

センターで買い求めた資料集によると、この砦跡の南東側に、当時の大通り跡があるという。新石器時代から鉄器時代、そして中世初期まで栄えたという、このラスクラハンで、人々はどんな暮らしをしていたのだろう。センターの展示には天幕が張り巡らされ、玉座に座る女王とその御前に控える戦士たちの絵が飾られていた。すると。

「ここはいい気が流れているわね」

隣の女性が話しかけてきた。

「あなたにも分かる？　ここは素晴らしい土地なのよ」

少し夢見がちな口調だった。手にはダウジングロッドが握られている。そうか。ここは考古学や妖精伝承のみならず、ニューエイジ哲学的に見ても、大変素晴らしい場所なのだ。

砦や塚には近づくな。昔からそう言われて、今でもそれを守る人たちがいる反面、最近では、こういう場所にはレイライン、特殊なエネルギーの流れがあると、一部では言われている。そういう場所で瞑想やヨガなどをすればいつも以上の効果が望めるとか、癒しの作用があるなどと言われている。

そしてそういうことに従事したり、注視する人たちをウイッカ（魔女宗）、そして時にネオ・ドルイドと呼ぶ。確かに、魔女たちは、砦と縁深い。

こんな話がある。

地主の牛と魔女

あるところに広大な土地を持つ牧場主がいました。彼には自慢の乳牛が何頭もいたのですが、どれもこれも乳を出さないのです。本当なら、素晴らしいミルクからチーズもクリームも作れるはずなのに。

牧場主はいつも首を傾げていました。ですから彼は、もしかしたら誰かが乳を勝手に搾っているのではないか、と疑うようになりました。

ある夜。牧場主は犯人を突き止めてやろうと、鉄砲を担いで、牧場に身を潜めました。犯人が現れたら、ズドンと一発お見舞いしてやろうというのです。

しかし、夜明けになっても誰も牛に近づきません。やはり牛は病気なのだろうか、と思っていると、一羽の野ウサギが飛び跳ねながら、牛に近づいてきたのです。

そして、あろうことか野ウサギは牛の乳に吸い付くと、ミルクを飲み始めたのでした。牧場主は驚くやら慌てるやら。牛が乳を出さない理由は、野ウサギの仕業だったのです。彼は沸き立つ怒りに任せて鉄砲を撃ちました。

すると野ウサギは驚いて逃げ出しましたが、牧場主は続けて撃ちました。急所には当たらなかったものの、一発は野ウサギの後ろ足に当たりました。

滴った血の跡を追うと、なんと妖精砦に続いています。昔から妖精砦には近づくな、と言われていたのですが、牧場主はあまりの怒りで勢いづいたまま砦に入ってゆきました。

きっとあの忌々しいウサ公がいるに違いない！

そう思ったのですが、砦の中に倒れていたのは、なんと老婆でした。近所でも魔女として有名なその老婆は足から血を流していました。ミルク泥棒の犯人は、野ウサギに化けた魔女だったのです。

この話は、アイルランドでは各地に見られるもので、野ウサギに変身していたのは魔女の場合もあれば、妖精の場合もある。どちらにしろ、妖精髭には、超自然的な生き物が関係するのだ。

ごく簡単に言葉を交わし、魔女に別れを告げる。

次に目指すのは、アイルランドの地獄の門だ。猫の洞穴"Uaimh na gCat（英語名 Oweynagat）"と呼ばれるそれは、アイルランド神話に燦然と輝く戦女神モリガンの住処と言われている。

神話に数多登場する神格のうちで、最も危険で魅力的なのは彼女だろう。ワタリガラスに身を変えて戦場を飛びさすらい、これと認めた英雄には美女に姿を変え祝福を与える。アルスター神話群でも、北方のアルスター光の神子クーフーリンにつきまとい、時に彼を助け、時に彼を邪魔する存在として描かれる。

死を予言し、戦いをより激しいものとし、そして英雄たちとの関わりから、北欧のバルキュリアと比較される女神だが、その本性は、神々の女王だという。それは彼女の名前モリガンは、偉大なという意味の"Mór"と女王を指す"Rigan"から来ているとされ、偉大なる女王、そしてファントム・クイーンを意味することからも窺い知れる。

また彼女の権能も戦だけに止まらず、豊穣、生殖、そして魔法と、およそ神代において大切なもの全てを司っている。シュメールのイシュタルなど、古い女神が戦いの女神と豊穣の女神を兼ねるのと同じなのだ。

そして彼女は、ダーナ神族の母神ダヌ（一説にはアヌ）とも同一の存在とされる。多くの神々が妖精に身を窶《やつ》した今、彼女は妖精の女王となったのである。そんな彼女の洞穴は、第1砦から、南西の方角にある。細い農道を行くと、行き止まり近くに鉄の扉がある。その内側に洞穴が静かに口を開けている。資料によると、ここも崩れてはいるが直径21メートルほどの円形砦の一部だそうだ。

逆三角形の入口には、サンザシが生い茂っている。サンザシ。メイフラワーとも呼ばれるこの白い花を咲かせるバラ科の植物もまた妖精に関係している。昔から、妖精たちがこの木を好むとされ、野にポツンと佇むサンザシは妖精木（フェアリーツリー）と呼ばれ、彼らが棲むという。だから農夫たちは決してその枝を手折ろうとか、まして切り倒そうとはしなかった。もしそんなことをすれば、彼らの怒りを買い、大変なことになると忌避したのだ。

後になって知ったのだが、このサンザシはそう古いものでなく、ごく最近生えてきたという。しかし、妖精女王の居城にして、異界への入口に生えるにはこれ以上の木はないだろう。

この洞穴は、戦時中などは食料の貯蔵庫として使われていたそうで、今でも中に入ることができる。とはいえ中の石灰質の洞穴は、鍾乳洞のように水が滴り、粘土などが滞積しているせいで、汚れても良い服、そして灯りが必要になる。

数年前、地元のガイドに頼んで案内してもらった時は、鰻の寝床のような道を、時に腹ばいになりながら進み、坂を滑り落ち、そして奥のホールまで突き進んだ。ホールと言っても、鍾乳洞の空間で、天井からはツララのような鍾乳石がたれ下がっているらしいのだが、手持ちの懐中電灯だけでは、その全ては見通せなかった。

ガイドが全ての灯りを消すように告げた。そして広がったのは、ただただ黒い空間。ひんやりとした地下洞窟独特の静けさ。時折滴る雫に背筋を震え上がらせる。トロリとした闇がそこに横たわっていた。手を伸ばせば掴めそうな闇だった。時間感覚も方向感覚もすべて無くしてしまいそうになる。

洞穴の奥は、異界と繋がっている。その昔、この洞穴からありとあらゆる獣が飛び出してきた。その最後に出てきたのがモリガンだという。そんな言い伝えが事実ではあるまいか、と思えてくる。自分も闇に溶けてしまいそうな感覚に襲われていると、ガイドが「モリガンが出てくる前に、地上に戻りましょうか」と言った。

潜った時とは反対に、けれどやはり腹ばいになって入口を目指す。その時、眼前から射し込む光のなんと頼もしく、有り難かったことか。日射しを頼りに進みながら、まるで母体から這い出す気分がした。もしかすると、この母なる戦神の洞穴は、何か生まれ変わりの儀式に使われていたのでは無かろうか。そんな想像が頭を過る。出口近くで、ガイドが、入口を支える石版の裏をライトで照らした。天板として横倒しになった石板の角には、幾つか鑿でつけられたような筋が彫られていた。

オガム文字だ。文字を持たなかったといわれる古代アイルランド人だが、3～4世紀には南部でオガム文字が成立した。石などの角、稜線を使いタテヨコに彫りつけられたその文字は、ルーン文字などに比較されたり、古代のバーコードとも呼ばれることがある。下から読み上げてゆくそれは、記念碑などに人名などを刻むために使われた。また、よく呪術的な意味合いがあると言われるが、それは近年の研究ではかなり疑わしいという。

ガイドが静かに伝えてくれた。女王の王都跡に穿たれたモリガンの洞穴に、そこに刻まれた女王の息子の碑文。多くの研究者が言及しているが、モリガンとメイヴには何らかの繋がりが感じられる。

「これは、『メイヴの息子』と彫りつけられています」

女王が活躍するアルスター神話の『クーリーの牛争い』にもモリガンは登場する。その中で、メイヴとモリガンは完全な別人格として描かれている。メイヴはあくまでも人の女王で、モリガンは神々の女王。しかし、知れば知るほど、メイヴとモリガンの権能は似ている。そこで感じるのは、神々の妖精化と現人神というシステム。そしてアイルランド神話の特性である枠物語である。

アイルランドの物語は、口承文学として発展していった故に、幾つもの物語が入れ子状態になっていたり、この物語が生まれたのには、こんな理由があったのです、と別の時代の話が挿話されるケースが良く起こる。またほぼ同じ筋の話が、別の時代、別の登場人物として語られることも多々ある。

そんな中で、この国の支配権を司る神格は、人と神に別れて語られ、そして同じ物語で再会したのではないか。それはまるである分岐点で分かれ、パラレルワールドで生きていた主人公が、ある地点で全くの別人として出会うといった、最近流行のタイムパラドックスもののように。

なにより、口伝えで長く語られてきた物語は、数え切れないほどのバリアントを生み出す。そう考えると、この国の女神はすべてブリキッドの名前ひとつでこと足りる、とプロインシァス・マッーカナが『ケルト神話』（青土社）で書いた文言が、なるほど納得できる様な気がする。

ブリキッドは、夜明け、春、鍛冶、そして詩の霊感を与える女神とされ、広く信仰されていたという。その人気はキリスト教が入ってきてからも衰えず、彼女はキリスト教の聖女として改変された。

古の魔法僧ドルイドの娘として早くから信仰に目覚めた彼女は、様々な奇跡を起こしたとされ、今ではアイルランド三大守護聖人の一人として列せられている。フィルボルグ、ダーナ神族、ミレシアと入り乱れ、それが綯い交ぜになりながらも、しっかりと並立している神話の世界ととても似ている。

それに、この猫の洞穴の名の由来も、また様々なものが入り乱れている。曰く、この洞穴には魔猫が棲み着いており、3人もの戦士を葬った。そして魔猫を討ち果たしたのは、女王メイヴの仇敵クーフーリンだというのだ。

敵国アルスターの英雄が、なぜコノハトの王都に化け物退治にやって来たのか。その理由は定かではない。ただ、昔から女神モリガンの洞穴として、妖精女王メイヴの王都跡に昏《くら》い口を開けている、という伝承が、ここにあるのだ。

洞穴の帰り道、ふとすぐ傍らにあるコテージに目が行った。雑木に半分埋もれるように建っているが、玄関ポーチに据えられた植木鉢の花たちは綺麗に手入れされ、咲いている。

週末だけのファームハウスか、それともたまたま留守なのか。ここに住んでいるのだろうか。ふと

女王の王都跡にある女神モリガンの洞穴

そんなことが気になった。なぜなら昔から妖精砦や塚の近くに家を構えるのは、良くないと伝えられているのだ。

特に砦と砦、塚と塚の間に家を建てると、彼らの通り道を妨げることになり、夜な夜な彼らが家の中を通り抜けるため、いわゆるポルターガイスト現象が起こるという。妖精の通り道（Fairy path）といわれる、妖精伝承ではお馴染みのモティーフだ。

もちろん、生活するに当たって、どうしてもそこに家を建てなければならない場合、ドアの真後ろに当たる壁に、もうひとつドア作れば良いと言う。そうすれば、彼らは妨げられることなく、家を通り抜けられるそうだ。このコテージに裏口があるかどうかは、ここからでは分からなかった。

妖精の通り道

昔、ジョン・マカーリフのところに大きな砦があったんだ。

それは丸い形をしてて、木々が生い茂った土塁がぐるりと囲んでた。そこに通じる小道があって、満月の晩なんか、妖精たちが踊ってるのが見られたりしたから、土地の者は「妖精の通り道」って呼んでたんだよ。

ある日のことだ。

トム・マカーリフが、その砦の茂みを刈りに行ったんだ。トムのヤツが茂みにハサミを知れようとしたまさにその時、激しい声で「止めろ、止めるんだ！」って聞こえたんだよ。

トムはびっくりして慌てて家に飛んで帰った。それから二度と砦の茂みには手を出さなかった。夜になると、近所の沢山の人が、砦に入ってく人々を見たって話だ。

他にもこんな話がある。

マカリーフ夫人が、通夜の帰り、あれは夜の1時頃だったそうだが、突然電車が砦に向かって走ってきたって言うんだ。もちろん線路の上を。電車は電気が灯されていて、その先頭にもデッカい灯りが付いてた。電車は野を横切って、砦の近くまで来ると止まった。すると中から黒ずくめの人たちが大勢降りてきて、砦に入ってったと言うんだ。電車はもう見えなくなってたそうだ。

またある時は、白馬が砦に入ってったって言うし、トム・マカーリフは6頭の馬が砦から出て来て、砦の周りを走っているのを見たそうだ。

トムは慌てて兄弟にそのことを告げに行ったけど、駆けつけたときは馬たちはどこかへ消えた後だったって話だ。

夜、砦には誰も近づこうとしないよ。


この話は、ケリー県リックナウのＰライアンス（当時56歳）が語ったと記録されている。

取り留めのない話だが、当時、砦の辺りで起きる不思議なことや、それに対しての人々の反応が良く現れている。

第五章　ゴールウェイ県チュアム

妖精の女王の話をしたなら、妖精王の話もしなければならない。

ミディールやダグダなど、ダーナの神たちも妖精王として知られているが、やはり1番有名なのはフィンバラだろう。

闇夜のマントを羽織り、炎の息巻く黒馬に跨がった妖精王。彼の居城は、ゴールウェイ県チュアムにある妖精丘『ノックマ』だと伝えられている。

チュアムは、ゴールウェイからバスで小一時間ほどにある小さな街だ。スライゴと同じでショッピングセンターや映画館、教会に本屋と生活に必要な施設はすべて揃っている。バスを降り、街の中心の広場近くのホテルに入る。大抵のホテルの1階はパブ・レストランになっている。食事を楽しむ人、お茶をしながら本を読む人、昼間からパイント（グラス）を傾ける人様々だ。

カウンターに座り、気の良さそうなウエイターに地エールらしい銘柄を注文する。すぐに運ばれてきたガーネット色のパイントに口をつけ、彼に訊ねた。

「ノックマ？　知ってるよ。そこに行きたいのかい？」

初めて訪れる町で、その町について知りたければ地元の酒場で情報収集をするのが楽しい（もちろん、ツーリストオフィスがあるようなところでは、そこに向かうのが一番なのだが)。20代半ばだろうか。巻き毛のウエイターは、タクシーを手配してくれた。パイントが空く頃、玄関先にタクシーが来た。ウエイターに改めてお礼を言ってから向かう。運転手は、たっぷりとしたアイリッシュベアだった。

「そうだなぁ、1時間ちょっと……2時間もあれば登って戻ってこられると思うぜ？」

ハンドルを握り運転手は言う。カーステレオからは軽快なロックが流れている。日本のようなサービスではないけれど、こういう久しぶりに会った親戚のおじさんが運転するようなタクシーもアイルランドの旅ならではだ。

「ハイキングか何かかい？」

左へ道を曲がりながら、言う。ノックマはチュアムから西へ8キロほどのところにある。先ほどから前方に、こんもりとした小高い丘が見えている。あれが目的地だ。

運転手さんに、来訪の理由を話すと、物珍しそうな顔をしたが、そういや婆さんから聞いたんだがな、と話してくれた。闇夜のマントを羽織り、月の光で編んだ冠を被る妖精王フィンバラは、このノックマに棲んでいる。麗しのウーナを后として、この辺り一帯だけでなくアイルランド全ての善き人々、つまり妖精たちを従えているという。

そしてハロウィンの夜。善き人々が王に謁見するため、隊列を組んでノックマに集まる。もしもその隊列に出会ってしまったら、年若い乙女は、この地上の誰よりも美しい妖精王の横顔に魂を奪われる。男たちもまた彼の眷属である善き人々の淑女たちの虜となるだろう。赤子は取り替えられ、産婆は彼らのお産に駆り出され、竪琴弾《たてごとび》きもまたあちら側に招き入れられる。

なるほど、彼らに纏《まつ》わる話の定番だ。運転手は、

「今じゃそんなことを信じてる奴らはいないけどな」

と嘯《つぶや》いたが、「あなたは？」と訊くと、

「まぁ、その日は飲んで寝るに限るさ」

そう言って彼は、鬱蒼《うっそう》とした森に続く小道にハンドルを切った。

麓の駐車場に着いたのだ。2時間後に迎えに来て貰えるように取りつけて、丘に向かう。途中までは鋪装されていて、駐車場にはクロスバイクなどの自転車が何台か停められていた。ゆるやかに登る道は、途中で牧場の中に入り込み、そのまま続いてゆく。柵越しに、薄茶色の牛たちがたむろしている。道はほどなくして、丘の森へと吸い込まれてゆく。

Knockma—ノックマ。紺色の立て看板にそう印字されている。アイルランド語で、平地の丘という意味で、一説には女王メイヴの丘とも言われている（しかし町には女王に関する伝承は少ないという）。

この丘について、アメリカの人類学者ウォルター＝エヴァンス－ウェンツの記したケルト諸国の妖精信仰（The Fairy-Faith of the Celtic Countries）には、大変興味深い話が記載されている。

チュアムの書記官の話とされるそれによると、アイルランドを襲ったジャガイモ飢饉は、妖精郷で

の不調和が原因だと、この地域の人々は信じていたらしい。

またこのノックマの丘上空で、彼らが馬に跨がり争っていた姿も目撃されたという。古代アイルランドの伝統として、象徴的王であるハイ・キングが、五体満足であれば国も栄え、そうでなければ国も乱れると言う。それが元で片腕を失ったダーナ神族のヌアダは、王位から退くこととなった。

このような天人相応、とりわけ天皇や皇帝の壮健さは国土と相互作用するという考えは、アジア諸国にもよく見られる。しかし、アイルランド最大の飢饉は、妖精郷に原因があったとは。それだけ往時の人たちにとって、異界は傍にあり、善き人々は豊穣をもたらす存在でもあったのだろう。

実際、民話などでフィンバラは、豊穣をもたらす土地の保護者として描かれることが多い。この国の真の支配権は、いまだ彼らにあるのか。ノックマを行く道は、ゆっくりとした螺旋を描いている。看板にも『ノックマの森』と書かれていたように、まさに森だ。牧草地と湿地が多いアイルランドにしてはなかなか珍しい。植生や動物も豊富なようで、小さな立て看板にここで観察される野生動物が掲載されていた。

ハンノキ、ブナ、そしてオーク。様々な木々が生い茂り、所々には昼なお昏く影を落としている。いつ倒れたか分からない木の幹が、なにやら魔女の横顔のように見える。先ほどまでは、道路からのエンジン音や、牧場からの家畜の声などが聞こえていたが、それらももはや遠い。

暫くゆくと幾つかのトレイルが交わる広場に出た。広場と言っても見上げるほどの木々が空を覆い

ノックマの森に設置されている案内表示板

隠している。風が渡る度にする葉擦れの音が、ヒソヒソ声のようにも聞こえる。

それらの木々に守られるようにLeaba Daithi（アイルランド語で『ダビデの寝台』の意味）と書かれた石碑がある。この石碑の裏手に回れば、妖精王フィンバラの居城に出られるという。

苔生《こけむ》した細い道を行く。気をつけないと容易に足を滑らせてしまう。野放図のように生い茂る黒イチゴの枝を時にはかき分け進むと、石灰岩の岩が積み上がった頂上に出る。高さ約170メートルの丘の頂上からは辺りが一望できる。なかなかの絶景で、時間を忘れて見入ってしまう。

この丘には4つほどの隧道付き墳墓があるとされ、そのひとつがノアの箱船で有名なノアの孫娘ケスィルの墳墓もあるとされる。そしてここから少し下ったところに、妖精王フィンバラの居城がある。

しかしそれは後になって作り替えられたものだそうだ。丘に登る途中に見えた蔦の這う古い塔と思しきものは、土地の有力者カーワン家のハケット城跡で、彼らはこの丘の墳墓をフィンバラの居城として18世紀頃に作り替えた。

なんと言うことだろう。

カーワン家については、オスカーワイルドの実母であり、妖精譚の蒐集で有名なワイルド夫人が、こんな話を伝えている。

妖精の騎手

昔々、ゴールウェイにカーワンという家がありました。

その家は代々名うての馬乗りであり、また素晴らしい馬を何頭も持っていました。ですからカーワン家は、毎年ゴールウェイで開かれるホースレースでいつも素晴らしい成績をおさめていたのでした。

そんなホースレースの前日。カーワン家の当主が、領地近くにあるノックマという丘に馬を走らせていると、突然目の前に紳士が現れました。紳士は、カーワン家でさえ持っていないような見事な黒馬に跨がっていました。

カーワンは、きっと止《や》んごと無い人だろうと、無礼のないように挨拶をしました。ふたりは暫く並んで馬を歩ませていました。すると紳士はカーワンにこう告げたのでした。

「そなたは明日の大レースに出ると聞き及んでいる。もしレースで勝利を確実にしたいのならば、私が力を貸そう。そなたがそれを許すなら、明日、レースが始まる前に会場に来るがよい」

彼は妖精王フィンバラに他なりませんでした。昔から、妖精王はカーワン家とは懇意にしていたのです。

翌日、カーワンが言われたとおりに早くに会場に着くと、そこには馬に跨がった小鬼のような騎手がいました。訝しんだカーワンでしたが、彼を代わりにレースに出すと、その馬捌きの素晴らしいこと。まるで稲妻のように駆け抜け、レースに勝利したのです。

夢でも見ているのかと思ったカーワンでしたが、銀の優勝カップは彼の物となりました。誰もがあの騎手は誰だと訊ねたのですが、当の騎手はもうどこかに消えてしまっていました。

しかし、その代わりに、昨日出会った紳士が、黒馬に跨がりやって来ました。紳士が「私の邸宅でお祝いをしよう」と言うのでカーワンはついて行くことに。

紳士の屋敷はカーワンが今まで見たどの屋敷より豪奢で、振る舞われる料理も素晴らしいものでした。うっとりする音楽が流れる中、紳士は、カーワンに輝くばかりの赤ワインを、宝石の散りばめられた杯に注ぎ振る舞いました。

そして食事の後は、ダンスの時間です。紳士淑女が広間では踊っています。

しかしどう言うことでしょう。踊っているのは去年湖で溺れて亡くなった彼の弟。狩りで命を落とした男。誰もがカーワンの知る人で、彼らはみな、死んだ人たちだったのです。

こんなことがあるのだろうかと思っていると、美しい娘が踊りに誘いに来ました。彼女の腰に回された手が、焼けるように熱く感じました。

「踊りましょうよ。ねぇ、私を見て？　あなたが一度は愛した女よ……」

そう彼女は、若かりし日のカーワンが愛した女性だったのです。彼女の首に輝く真珠の首飾りを贈ったのは勿論カーワン自身。彼女は、彼の花嫁になる前に亡くなってしまったのでした。

彼の心は悲しみに沈みました。カーワンは紳士に「ここから私を帰して欲しい」と頼みました。すると紳士は、

「そなたにはもう少しワインが必要と見える」

カーワンは差し出されたワインを全て飲み干しました。すると、意識と音楽が消え、カーワンはその場に崩れ落ちたのでした。

気が付くと、そこは自分の家の寝室でした。全ては夢だったのかと思ったカーワンでしたが、腰には、彼女の腕の跡が、まるで焼きごてのように焼き付いていたのでした。

その後も、しばしば彼女の幻は夜になると彼の前に現れましたが、カーワンは決して妖精たちのところへ近づこうとはしませんでした。

妖精たちは死者と踊る。

驚かれるかも知れないが、これはアイルランドの妖精譚では当然のように語られることだ。民話や伝承で語られる妖精郷は、エール酒の川が流れ、もいでもいでも撓わに実るリンゴがあり、屠っても翌日には蘇る豚がいるという。いわゆる桃源郷（林檎郷か？）なのだ。

そこには神々もいれば妖精たちもいる。死者もそこで遊ぶ。隣国ブリテンの偉大なる王アーサーが異母姉である妖精姫モルガン・ル・フェに誘われたアヴァロンもまたそうで、同じような異界ではないだろうか。そしてモルガン・ル・フェも、この国の妖精女王にして戦女神モリガンに連なる存在だ。

改めてノックマの頂上から、辺りを見渡す。緑のパッチワークの平野が広がっているが、丘の麓すぐそこでは灰色の採掘場が、まるで虫食いのように広がっている。聞くところによればこの土地に豊富に埋蔵されている石灰岩を切り出しているという。

いま現在、多くの妖精砦や妖精塚、そして夜彼らの通り道と言われる土地が開発に直面し、僅かばかりの調査の後「保全の必要なし」とされ破壊されているという。それと共に、塚や砦を含めた風景は様変わりし、紐付けられた物語もまた忘れ去られて行く。

物語は、語る人、聞く人、そして語られた場所の三つがあって初めて完全に形を為すのだと思う。そして、そこに立ち現れる妖精たちもまた。

現代において牧場経営は決して楽ではない。父から子、子から孫へと受け継がれて行く間に、細切

蔦に覆われたカーワン家の跡

れとなった土地なら尚更だ。アイルランドの牧場主の多くが、兼業だとも言うところからも、その内情は窺い知れる。そんな所有者に、歴史的な価値がそれほどない遺跡を保全しろと言うのは酷な話だろう。カーワン家のハケット城を見ながら妖精王の塚山を跡にした。

イエイツの Fairy and Folk Tales of the Irish Peasantry によるとカーワン家は、妖精王の庇護だけでなく、彼らの血も引き継いでいるという。そんな彼らが、なぜ遺跡を作り替えたのか。いや、妖精王のみならず、彼らの血を継ぐ一族だからこそ、自らの領地にある遺跡を妖精王の居城に作り替えたかったのか。伝承という、語るものがいなくなれば消え失せるものではなく、確かななにかが欲しかったのか。

エヴァンスが採話したように、彼らの世界がこちらに影響するならば、私たちの世界の動向もまたあちらに影響するのではないだろうか。

第六章　アラン諸島

そろそろ西部から移動しようと思う。
だが、その前にひとつだけすくい取っておきたいことがある。ミレシア族に地上の支配権を譲り、妖精となったダーナ神族たち。その彼らに西を渡されたフィルボルグ族たちのことだ。彼らは一体どうなっていったのか。彼らの足跡は、ゴールウェイ湾に浮かぶ、アラン諸島に残されている。
アラン諸島はゴールウェイ湾の沖合に浮かぶ三つの島々で、西から
イニシュモア（大きな島）
イニシュマーン（真ん中の島）
イニシア（東の島）
の順に並ぶ。どれもゴールウェイ県のロッサビル港から、高速艇に乗船して小一時間で到着する。
観光パンフレットを開けば、石垣で覆われた独特の景観が目を引く島々だ。石垣は、土地の区分を示す為に設けられたのはもちろんだが、それ以外にも土が風に飛ばされないようにしているという。
アイルランド西部は石灰岩を含む土壌が広がっていて、特にアラン諸島（クレア県のバレン高原など）は、ほぼ石灰岩で構成され、土がほとんど無いそうだ。

昔から島民は、砕いた石灰と豊富に採れる海藻を混ぜ、擬似的な腐葉土として、僅かな耕地でジャガイモなどを栽培してきた。石垣は常に吹き付ける偏西風に、貴重な腐葉土が飛ばされないように遮る防風壁でもあるのだ。

三島の中で一番賑わっているのはイニシュモアで、夏になるとアイルランドだけでなくヨーロッパ大陸の各国から観光客が押し寄せる。サイクリングやホースライディングなどのアクティビティやマリンスポーツなども盛んである。一番小さなイニシアは、豊富に採れる海藻を使ったシーウィードバスや、ヒーリングなどのリトリートが盛んに行われている。また多くのミュージシャンが島のパブに集まり演奏することでも知られている。

そんな三島の中で選んだのはイニシュマーン。もっとも小さく、もっとも鄙びた島である。島の人口は、観光客を除けば200人に満たないといわれている。酒場が1軒。万屋兼郵便局が1軒。レストランを兼ねたB&B(朝食付宿泊所)が2軒。そして小学校。過疎の島と言ってしまえばそれまでだが、この鄙びた島に流れるゆったりした時間は特別で、訪れた人の多くが、また来年も、と再び島にやって来るという。

遠くには対岸のゴールウェイ、そしてコネマラの景色が見える。太古、ゴールウェイからこの島に渡ってきたフィルボルグたち。彼らの足跡は、この島の中心部にあたり最も高い位置にある妖精砦に残されている。

コナー砦。アイルランド語でDún Conchuir。コノハトを支配したフィルボルグ王アンガスの弟コンフォボルに由来するという。イニシュモアには、アンガスの名を持つアンガス砦が、80メートル以上の切り立った崖の上に建てられている。伝説では、フィルボルグたちは、ゴールウェイ県の東、ロスコモン県の南を支配していたとされる。

なぜ彼らの王と王弟の名前を持つ砦が、ここに建てられたのか。その答えをはっきりといえるものは誰もいない。ただ、青銅器時代まで遡れるこの砦は、古くから西を支配したフィルボルグたちが建てたものだと伝えられている。

コナー砦は、およそ65メートル×35メートルの楕円形。遠目からは、ローマのコロッセオのようにも見える。北東側に入口が穿たれていて、中には竈の跡と思しきコの字を描く石組みや、祭壇のようにうずたかく積まれた石たちが残されている。正確な年代は分からないが青銅器時代に建てられ、鉄器時代に増築が為されたとされている。

島の外壁には、内側の石組みから登れるようになっていて、そこに立てば島を一望できる。阿弥陀籤のような石垣で区切られた土地。灰色と緑の囲いの中で牛たちが草を食んだり、寝そべったりしている。日本アイルランド文学界代表であった三橋敦子女史が『アイルランド文学はどこからきたか』で現地の人の言葉を引用している。

「全く奇妙なことには、諸島の中でも、最大の島イニシュモア島にある砦ドゥン・エンガスが、西

65 × 35 mの楕円形遺跡、コナー砦

側の大西洋の海を守るために、アイルランド本島からの敵を防ぐために構築されたものである」

　また、この島のムルという村の名前は、アイルランド語ではない響き、異なる語感で、かなり古くからあるものだという。女史によれば、アイルランドは紀元前5世紀頃に、ケルト語文化圏になり独自の発展を遂げアイルランド語になったのだが、この島の人々は、何千年も村の呼び名を変えずに来たのではないか、という。

　それがフィルボルグ族に由来するものかは僕には分からないし、恐らく誰も確かめられないだろう。アイルランド人の誰もが、心の原風景の一つに挙げるアラン諸島が神代の景色を留めているとしたら、極上のロマンだろう。

　遠くでカラスたちが鳴き交わしていた。

　翌日、島の西側にある「シングの椅子」に行くことにした。

　戯曲家であり民俗学者であったジョン・ミリントン・シングは幾度となくこの島を訪れた。彼のコテージは今も保全され、島の名所となっている。彼のイニシュマーンでの滞在は、創作活動における霊感となり、それは著作『アラン諸島』に詳しい。

　島は北半分が畑や牧場として拓けているが、南半分はほぼ手つかずになっている。宿から5分も歩けば、人影は消える。もちろん疎らながら人家はあるが、すれ違う人は居ない。鋪装された道の左手は岩だらけの丘。右手には海へ続く斜面。その僅かなところにも石垣が張り巡らされ、その中で牛や羊が草を食んでいる。時々現れる半分崩れた人家はいつ放棄されたものだろうか。

　宿に飾られていた古い写真には、ノンカラーシャツにフランネルのベスト。そして共布で仕立てられたズボン姿の島の男性が写っていた。その出で立ちは、伝統的なアラン諸島の男性の装いで、特にズボンを留めるベルトは幾つもの色糸で編まれたもので、一目でアランの人だと分かる。

　訊けば宿の女主人の義父だそうだ。彼らはフェリーも使ったが、カラハと呼ばれるタールで防水加工された簡素な小舟でも隣の島や、本土と行き来し、この島で暮らしてきた。今ではフェリーに押され余り見なくなったとはいえ、それでも海岸沿いを歩けば、手入れ途中のカラハを見ることができる。

　道が少し下り坂になり、人家は全く見えなくなった。聞こえるのは下から風に乗って運ばれてくる波の音と、時折掠める海鳥の鳴き声だけ。ゴツゴツした岩間には、イワツリガネソウが可憐な青紫色の花をつけている。その隣には蔓を伸ばす黒イチゴ。白い小さな花びらが散り始め、実が膨らみつつあった。どちらも妖精に関係した花だ。

しばらくすると鋪装された道は終わり、まるで月面とでも言うような岩場に出る。多くの観光客が「椅子なんてないじゃないか」とここで引き返すそうだ。けれど、シングの椅子は、この岩場のさらに奥にある。足下を確認しながら進んでゆく。岩場と言っても、すべてが石灰岩なので、縦横に入る亀裂に足先を取られないように気をつけなくてはならない。

さらに歩を進めていくと、ギョッとする異様な光景が見えてくる。なだらかな曲線を描く石灰岩の丘に、幾つもの石塔が建っているのだ。日晒しの、人の気配のしない島の裏側に立ち並ぶ、石を積み上げた塔。大抵の日本人なら賽の河原か？と思うだろうか。島の北側には墓地があり、ケルト十字などの近代的な大理石の墓石が並んでいる。これはそれよりもっと古い、それこそ海で命を落とした人たちの慰霊の塔ではないのか。

しかし、後で聞けば、目印とか、大した意味のない、ただの積み石だと言う。本当にそうだろうか。何度見ても何か特別な意味があるように思える。そんな石塔を横目に進んでゆくと見えてくるのがシングの椅子だ。椅子とは言うが、そこには椅子はない。あるのはただ風よけに詰まれた石の囲いと、平らな敷石。そして「シングの椅子」と書かれた石碑だけだ。誰もが最初は驚くし、拍子抜けするかも知れない。しかし、ここにシングは座り、新作の構想を練っていたという。

試しに腰を下ろしてみる。決して無音ではないが、不思議な静寂が広がる。足を伸ばせば、まるで大西洋にそのまま足先が届きそうにさえ見える。波打ち際では、白い波頭が岩場で砕け、また押し寄せていた。シングがこの島の人から聞いた妖精譚の中に、こういう波打ち際の砂地に彼らはよく現れるという話があった。妖精というと、小さくて可愛い、それこそ花や蝶などを擬人化したような姿を思い浮かべるが、この国の、この島に伝わる姿はそうではない。

シングが島の語り部に聞いたところによると、背丈は3フィート（1メートル）ほど。「お巡りさん」みたいな縁つき帽子を目深に被っているという。

朝と夕暮れには、彼らがよく出るという砂地には近づかない方がいい。なぜなら、いたずらを仕掛けてくるからだと言うし、中には、彼らと共に「いってしまった」女性がいるという。またある夜、「あ、おかあちゃん、あたし殺される」と叫び声が聞こえ、翌朝になると、家の壁にベッタリと血が付いていて、近所の子供が死んでいたそうだ。

妖精という存在には、血なまぐささがつきまとう。彼らは、どんなに美しかろうが、魅力的だろうが、こちら側の存在ではなく、人の都合や価値観などお構いなしなのだ。だからこの国の語り部や古老は言う。

「あの方たちに近づいてはならない」と。

妖精のことを「あの方たち」と呼ぶのも、アイルランド民話でよく見られる「良き人々」や「紳士方」という呼び名も同じである。以前、田舎町で妖精譚について土地の人に話を聞いている最中、つむじ風が起こった。クルクルと木の葉を巻き込んで通り過ぎるそれに彼は、

「旅路に祝福を」

と言って帽子を取って挨拶をした。昔からつむじ風は、目に見えない彼らが移動しているのだと伝えられている。目の前を通る彼らに挨拶をする習慣は、すっかり廃れていると聞いていたので喜んだのと同時に驚いた。多くは忘れ去られようとしているが、今でも彼らとのつき合い方は、ひっそりと受け継がれていた。

眼前には大西洋が広がっている。良く晴れた日は、水平線にうっすらアメリカ大陸が見えるんだよ、と島で出会った男性は言った。もちろんそれはアイリッシュジョークなのだが、淡いアイリッシュブルーと、雲の生まれる水平線を見ていると、そんなこともあるかも知れないな、と思えてくる。

その時。崩れかけた石垣から男性がのっそりと現れた。年の頃はきっと60歳以上。ハンチング帽を被り、アイリッシュツイードのベストとフランネルのシャツ。手には杖が握られていた。まさかそんなところから人が出てくると思っていなかったので、思わず小さく声を上げてしまった。

男性はそのまま僕と入れ替わりのように、岩場へと向かっていった。島の人、なんだよな…？　男性が出て来た崩れた石垣に目を遣ると、そこはどう見ても道などなく、黒イチゴとイラクサが僅かに繁るだけだった。

島の人しか知らない道でもあるのだろうか。まさかファージャルグじゃあるまいか。赤い男という名を持つ。彼らはうら寂しい道に現れて、旅人や夜歩きする者を驚かし、時に死ぬほどの恐怖を味わわせるという。僕は男性の後ろ姿を追おうと首を向けようとした。が、慌てて前を向き直った。駄目だ。こういう時に振り向くのはタブーだ。川辺でスプーキーに襲われた時を思い出す。

宿に戻ると、シェフも務めているご主人が挨拶をしに顔を出してくれた。長くこの島で宿を営んでいる彼の家族は、言わば島の外交官のような存在でもあった。

ふと気になって、もしも妖精についてのお話を知っていたら聞かせて欲しいと頼んでみた。すると、エプロン姿の主人は「そうだなぁ」と呟いて、向かい側の椅子を引き寄せ腰掛けた。ロマンスグレーの壮年男性の目が、眼鏡の奥でなにかを思い出すように光った。

男が聞いた不思議な音

昔、ある男がいたんだよ。

その夜、男は友人の家で飲んで気持ちよく酔っていてね。帰り道も酔い酔いでこっちへフラフラ、あっちへフラフラと千鳥足だったたってわけさ。

足が縺れて転んだら大変だ。今と違って街灯もなく、場所によっては石垣の向こうはため池になっていたりするから余計に危ない。

男は仕方なく、道ばたに腰を下ろした。海風が心地よく、スゥッと酔いを引き取ってくれそうだった。ウトウトしてしまったのかな。男はある奇妙な音で目を覚ましたんだ。

カツーン、カツーン。……

何の音だろう。堅い物で石を打つ音がする。

カツーン、カツーン、カツーン。

男はふと、この道は、妖精砦に続いていることを思い出した。

まさか！　寒気がした。　背筋に怖気が走る。

先ほどまでの酔いはどこへやら。男は一目散に家に帰ったって話さ。


語り終えた後、宿の主人は眼鏡を外すと、エプロンで拭き始めた。その恐ろしい音は一体何だったんだろうか。妖精砦の周りでは色々と不思議なことが起こると伝えられているが、その類いなのか。

すると、主人は、眼鏡をかけ直し、こう続けた。

「翌日、男は気になってもう一度そこに行ってみたんだよ。そうしたら、男が居眠りしていたすぐ横に大きな木があって、その根元には大山羊が飼われていた。山羊は痒いのか、そのデッカイ角を何度も何度も、根元に転がった岩に打ち付けていた。男が聞いた音ってのは、その音だったたってわけさ」

主人は「あはは」と軽快に笑った。正体見たりなんとやら。こちらの緊張を一気に引きずり下ろすのもまた妖精譚の醍醐味である。

「まぁ、でも、子供の頃は、夜に妖精砦に近づくなんて正気の沙汰じゃなかったさ」

主人は、お茶のお代わりを淹れよう、と席を立った。窓から見える景色は、ゆっくり暮れ始めていた。杏色の夕陽が、少しずつ薄紫色の帷を連れてくる。

逢魔時。彼らの時間がまた始まってゆく。

ちょこっと妖精学《ブルーベル》

妖精たちが好きなもの——といえば、歌や踊り、そしてヒトとの恋のから騒ぎ。というのが定番だけれど、もちろん他にも沢山の好きなものが民話や伝承には登場する。

例えば、サンザシなどの妖精木。気候の違いから日本ではあまりお目にかかれないが、アイルランドでは農場の囲いとしてよく植わっている。昔から妖精が棲む樹だとされ、忌避されたり、畏れられたりする。大陸のヨーロッパなどではオークがその代わりを務める。やはり彼らは、野辺で踊ったり、ハーリング（アイルランドの国技、草ホッケーに似た競技）に興じることが多いからか、植物を大事にするらしい。

木々の他にも、日本ではキツネノテブクロと呼ばれるジギタリスは『妖精の手袋』と呼ばれている。鮮やかな花色と独特の斑点。なによりその毒性は、民話などにたびたび登場する。他にも、桜草の仲間であるカウスリップ（和名・黄花九輪桜）やツリガネソウなどが上げられる。

しかし、アイルランドに限らず広く『妖精が好む花』と言えば、その姿形、美しさで、ブルーベルが筆頭のように思える。5月。夏の到来とともに、少し薄暗い森に、青紫色の絨毯を広げる芳香花。その名の通り、ベル型の小さな花を鈴なりにつけるこの花は、アイルランドやイギリス、スコットランドでも妖精の花として名高い。

この花は妖精の鈴と言われ、彼らが現れるときに鳴る。またこの花が鈴のように鳴るときは、必ず死者が出るという。なるほど曰くありげな花だ。

しかし、ブルーベルも前述の草木も、植生の違いから日本ではなかなか出会えない。もちろん専門的な園芸店では、球根などが取引されているが、せっかくアイルランドにいるのだから、是非とも青紫に染まった森を訪ねてみたい。日本では園芸種であるブルーベルは、こちらではごく普通の野の花なので、適当な森に行かねばならない。調べてみると、ブルーベルが咲く森はごく普通に点在し、咲く時期もまたまちまちだった。どの森がよいのだろうか。アクセスのよさ、規模の大きさなど、色々と迷う。

その旨を、ダブリンに滞在しているときにアイルランド人の友人に話した。すると彼女は「あら、それならボタニックガーデンに行けば確実よ」と言った。

アイルランド国立植物園。ボタニックガーデンとしてダブリン市民に愛されているこの植物園は、市街から5キロほど北西に位置している。近くには、アイルランド内戦で命を落としたマイケル・コリンズの墓があるグラスネヴィン墓地もある。

もともとは詩人のトーマス・ティッケルの邸宅だったものが1795年に売却され、アイルランド初の植物園として造園された。48エーカーの敷地にはバラ園や池、そしてアイルランド独自の植生などが再現されている。

特にパームハウスと呼ばれる温室は、その美しい造形美が見事だし、展示されている蘭のコレクションも素晴らしい。また、アイルランド民謡で有名な『Last Rose of Summer』（日本では『庭の千草』として有名）の株分けしたバラも、ここで見られる。

確かに、ボタニックガーデンならブルーベルも展示されているだろう。森、という訳にはいかないが、自然を再現した広大な庭園なら、その雰囲気も再現されているだろう。

さっそく足を伸ばすことにした。欧州に滞在中に、いいな、と思うのは、およそこういった公共の文化施設が無料であることだ。ゲートを潜り、すぐに左手にあるビジターセンターでブルーベルの場所を聞く。どうやら南側のバラ園近くにブルーベルの小路があるらしい。センターの奥に設けられたカフェスペースからは焼きたてのラザニアのいい匂いが漂っている。

「もうそろそろ咲き始めていると思うわよ」

そう受付の女性が教えてくれた。チーズの香ばしい匂いを振り切って、再び外に出た。5月のアイルランドは空が真っ青に輝く。木々も青々として、花々も一斉に咲き始める。横目に見えるガーデンのバラ園も赤や黄色などの色とりどりに咲き競っていたし、足下からも様々な花がこっちを見てと囁きかける。

ほどなくして、少し背の高い木が並んで植えられているコーナーがあった。曲がりくねった道がつけられている。きっとあそこだろう。足早に向かうと、確かに木の根元には沢山の蕾をつけた花茎が伸びていた。そのほとんどはまだ蕾で、わずかに緑の穂先が色づいている程度だったが、幸運にもいくつかは綻び始めていた。淡いアメジスト色の花が、ポツリポツリと見える。決して背の高い花ではない。雰囲気としては彼岸花に近い。葉が茂る前に花茎が伸び花を咲かせる。そして花が終わる頃に葉が茂り、球根で増える。

さぁ、身をかがめて『良き人たち』が愛しているという香りを聞いてみよう。

しかし、予想に反して香りはほぼしなかった。おかしい。図鑑などには、ヒアシンスにも似た甘い香りがするとあるのに。

すぐ隣で咲き始めている花穂に顔を寄せてみる。これも香りがしない。いや、よくよく鼻を鳴らせばわずかに香るが、これではすべてが咲きそろっても、民話などに描かれる芬々《ふんぷん》と香る青紫の絨毯とはならないだろう。

違うのは香りだけではなかった。図鑑などの写真では、ブルーベルの花穂はしなり、花も暗めの青紫色で、中ほどで膨らみ、花弁は端では窄まるようなまさに鈴形をしている。目の前の花は、茎もいくらか太く真っ直ぐで、花形も鈴というより、小さい桔梗《ききょう》のようだ。妖精画家シシリー・バーガーが描いた楚々とした可憐さはなく、全体的に随分力強い印象だった。

どういうことだろう。そう思って、名前を確かめようと立て札を探すことにした。すると、名前と学名を記した小さな札の横に、大きな説明書きのパネルが立てられていた。それには『スパニッシュブルーベルとアイングリッシュブルーベルの交雑について』と書かれていた。近年、日本でも問題になっている外来種による在来種駆逐と、その交雑問題がアイルランドでも起こっているのだという。

スパニッシュブルーベルはイベリア半島原産で、同じブルーベルながら本来はアイルランドやイギリスには自生していなかった。しかし、様々な理由によりアイルランドなどに持ち込まれて繁殖し、今では在来種を脅かすほどの勢いを誇っているそうだ。

違いとしては、先ほど嗅いでみた通り香りがない（または薄い）。比較すると大型。そして花が鈴蘭のように片側だけではなく、両側に付くことが挙げられる。この交雑、そして支配的な入植は、もちろん森林でも起こっていて、そちらの方がより深刻らしい。在来種の保全をしなければ、ゆくゆくはスパニッシュブルーベルに取って代わられる心配もあると書かれていた。

なるほど。神話の時代、アイルランドの神々はスペインからやって来たミレシア族に地上の支配権を譲り渡したという。その構図が植物の世界でも起こっている。しかも神々が矮小化した果ての妖精と関わり合いの深い花の間でも。

その後、キルケニー県のキルケニー城を訪れた時、広大な庭園に残る森の中で、在来種のブルーベルに出会うことができた。絵本そのままのような、森の中、倒木でできた陽だまりで楚々と咲いていた。もちろん香りも素晴らしく、ヒアシンスをより穏やかにしたような心地よさがあった。思わず童心に返って摘み草遊びをしたい気持ちに駆られたが、踏みとどまった。この花は、彼らのお気に入りなのだから。

ちょこっと妖精学《レプラコーン》

「アイルランドで一番有名な妖精と言えば？」

それはきっとレプラコーンだろう。いわゆる小人タイプの妖精で、緑の山高帽に緑のジャケット、突き出たお腹（ギネス腹？）を銀の大きなバックルの付いたベルトで押さえている。靴屋妖精とも呼ばれ、踊りで磨り減らした仲間たちの靴を直したりしている。

妖精には珍しく仕事を持っているのでお金を貯めていて、一説には金貨の詰まった壺を７つ持っているという。ゴールデンポットと呼ばれるその壺は、ノボロギクやタンポポの根元に隠されているという（最近では虹のたもとという童話然とした隠し場所が好まれているようだ）。

もしも運よく切り株の上で靴を作っていたりパイプを吹かしていたりするレプラコーンを見つけたら、捕まえてゴールデンポットの在処を聞き出すことができるかも知れない。しかし、相手は魔法や幻術に長けたレプラコーンだ。そう上手くいくかどうかはわからない。

あるうららかな春の日のことです。男が、教会でお祈りを上げた帰りに、不思議な音を耳にしました。

なにか堅い音がぶつかる音です。男はすぐにそれが、木槌を打つ音だと気がついたのです。

「レプラコーンだ」

身をかがめ辺りを伺うと、どうやら音は茨の茂みの奥から聞こえてくるようです。男は息を殺し忍び足で近づいて、茂みの中を覗き込んでみました。するとそこには大きな切り株があり、その上では小人が小さな靴を熱心に作っているのでした。

やっぱりそうだ。レプラコーンだ。俺にも運が巡ってきたぞ。男は素早くレプラコーンをつまみ上げました。

「わぁ、なにするんじゃ!」

宙づりになったレプラコーンは騒ぎ立てましたが、男は、

「お前の隠してる金貨の詰まった壺がどこにあるか教えろ!」

と迫りました。もちろんレプラコーンは、最初は「そんなものは知らない」「離してくれ」と騒ぎましたが、男は構わずグイグイ小人の襟首を捻り上げたので、とうとう観念して、

「言う。言うから勘弁してくれ」と降参しました。男が手を緩めると、レプラコーンはふぅとため息を吐き、

「少し喉が渇いた。どうだ、ヒースで作ったエール酒があるんじゃが、一杯」

と持ちかけてきました。花で作ったお酒など聞いたこともありません。それはどんな味がする

のだろう。多くの人が興味をそそられるでしょう。けれど、男は知っていたのです。

「その手には乗らないぞ！　そんなことより金貨の場所を教えろ！」

もしも、ちょっとでもレプラコーンから目を離すと、彼らはまるで煙のようにかき消えてしまうのです。ですから、捕まえられたレプラコーンは、あの手この手で男の気を惹こうとしました。

「わわわ！　カラスのヤツめが糞をし掛けてきたぞ」とか、

「おおい、あそこにいるのは、お前の幼なじみじゃないか？」などなど。

けれども男は一瞬たりともレプラコーンから目を離しませんでした。そしてとうとう金貨の壺の隠し場所まで来ることができたのです。

「それ、そこに咲いているタンポポがあるだろう。そこの根元に埋めてある」

そう言ってレプラコーンは野原に咲くタンポポの中のひとつを指さしました。男は、これか？これなんだな？　と思わずレプラコーンから目を離してしまいました。その途端、手の中の小人はポフッと煙のようにかき消えてしまったのです。

「やられた！　だがまぁ、隠し場所は聞けたんだからいいとしよう」

そう考えて男は、タンポポの根元に目印として自分のベルトを巻きつけました。

「さて、シャベルを取ってこよう」

男は急いで家に帰り、納屋からシャベルを取り出すと、また急いでタンポポの野原に戻ったのでした。けれど。

「やられたー！」

男はその場にへたり込みました。落としたシャベルがガチャンと音を立てます。なんと、目の前の野原中のタンポポすべてに男のベルトが巻きつけられていたのでした。

「これじゃあ、どこを掘ればいいか分からないじゃないかぁ～」

情けない声が春の野に響き渡りました。


なんともアイルランドらしい愉快な話である。民話なので類話が山のようにあるが、おおよそはこの流れで、結びとして、

『昔からレプラコーンを見た、捕まえた、という話はよく聞くが、まんまと彼らの金貨をせしめたという話はついぞ聞かない』

と付け加えられることがある。

とにもかくにもレプラコーンは人気があり、多くのマスコットやトレードマークとして街中の至るところで目にする。例えばツアーバスの会社のロゴマーク、土産物のビアジョッキのプリント、果ては下着の柄と、数えあげれば切りがないほどだ。

そんなアイルランドのマスコットキャラクターと言っても過言ではないレプラコーンのミュー

ジアムがダブリンにある。ダブリンの街中の、ジャービス・ストリートにあるそれは、個人が所有する美術館だ。規模としてはそれほど大きくないものの、中にはレプラコーンの話が残る場所について、もしも自分たちがレプラコーンのサイズだったらどんな風に人の暮らしが見えるか？などといった体験型アトラクションがある。

またレプラコーンだけでなく、泣女バンシーや他の妖精についての展示もある。キュレーターに連れられて回れば、アイルランドの妖精について、かなり詳しくなれるだろう。

中でも、もっともアイルランドらしいエキシビションはストーリーテリングだ。実は案内役のキュレーターは素晴らしい語り手で、流れるように語られる物語にグイグイと引き込まれる。そして最後に案内される売店で、思わずレプラコーンや妖精などの本やグッズを買い込んでしまうというオチだ。

やはり、いつの時代でもレプラコーンたちは商売上手なのだ。

第Ⅱ部　東部篇

第一章　タラの丘

日本が関東、中部、北海道のように地方で分割されているように、アイルランドには現在四つの地方がある。

北のアルスター
西のコノハト
南のマンスター
そして東のレンスター

この四つの中に合計36の県があり、うち6県はイギリス領北アイルランドになっている。

しかし、以前はここにもうひとつの地方が存在した。現在はレンスターに吸収されてしまったミーズがそれである（ミーズは県として今でも存在し、ダブリン県の北側に位置している）。

ミーズには6世紀頃までアイルランドの象徴的王であったハイキングの王宮、タラの丘があり、政治や宗教などの中心的存在であった。伝説によるとダーナ神族が居城としていたと伝えられ、その歴史は新石器時代まで遡るという。

標高150メートルほどにある丘の上には、大小幾つもの円形砦があり、特に有名なのは、周囲1

タラの丘に建つリア・ファル

キロに及ぶ『王の砦』だろう。その中にはさらに『玉座』『コーマックの城』。連結された2つの砦があり、上空から見ると8の字を描いている。

なにより興味を惹くのは、玉座の中心に据えられた『リア・ファル』と呼ばれる立石で、大きさは1メートルほど。接地部分には、放射線状に石が敷かれている。この立石は、ダーナ神族がこの国に持ち運んだ四つの至宝の一つとされ、正当な王が触れる（一説には乗るとも）と、鳴動するという。

訪れる度に、観光客たちが触ったりするのを見たが、一度も鳴動したことはなかった。この丘は、アイルランド人にとって、昔も今も精神的なよりどころとされ、イギリスへの蜂起の際も、ここで大きな集会が開かれていた。このタラの丘にも、古墳が点在し、そのひとつ「人質の墓」には、2月1日のインボルグと10月末日のサウイン（現在のハロウィン）

に朝日が射し込む仕掛けが施されている。

丘の上に立つと、ナイツタウン、ロスコイルなど、遠くまで見渡せる。メイヴの王宮ラスクラハンと同じ雰囲気が感じられた。やはり王が君臨する場所というのは、同質の『気』のようなものが漂っているのだろうか。

事実、女王メイヴの名前は、タラの丘にも登場する。タラの丘の王にならんとする男は、エール酒を飲み、メイヴと祭祀的な婚礼を挙げねば、王として認められなかったという。コーマック・マク・アルトなど多くのハイ・キングが彼女の伴侶とされた。

『土地の神』は妖精たちの本質のひとつだ。花一つ一つ、樹木一本一本に精が宿るように、土地にも神が宿る。それらを妖精と呼ぶなら、そこに住む人たちの精神的なよりどころであり、祭祀的に重要な場所に宿るものは妖精の女王であり女神といっても過言ではないだろう。

第二章　ニューグレンジ

ミーズにはタラの丘の他に、重要な遺跡がいくつもある。

中でも筆頭にあげられるのは世界遺産にも登録されているボイン河流域の遺跡のひとつ、ニューグレンジ遺跡だ。

ニューグレンジ、アイルランド語でブール・ナ・ボーニャ。ボイン河の宮殿は、直径約80メートル。広さにして0・5ヘクタールの円形の墳墓は、ほぼ円形で約20万トンの石で組み上げられている。

約5000年前に建造されたとされるこの遺跡は、エジプトのピラミッドや、ストーンヘンジより古い。外壁や、隧道の入口に据えられた巨石には、螺旋や幾何学模様がカービングされ、当時の人たちの高いセンスが伺える。加えて、多くの隧道付き墳墓がそうであるように、ここもまた1年に1度、冬至の朝日が隧道を通り、最奥まで射し込む。

多くの焼いた人骨が発見されたらしいが、墓であると同時に祭祀的な役割を帯びていたらしいのも、他の妖精塚と同じだ。この塚は、ダーナ神族の王ダグダと、その子オインガスの居城だったと伝えられている。

こんな話がある。

偉大なる母神ダーナを祖に持つ神々の王ダグダ。『良き神』『偉大な知恵』という意味を持つ神でした。あらゆるものの父であり、寛容で理解のあった彼は、たいへん魔法に長けた神でもあり、手にした棍棒で殴れば人は死に、持ち手で殴れば死人は生き返ったと言います。

彼の最も偉大な持ち物は、魔法の大釜で『尽きぬもの』という名前を持っていました。その名前の通り、食べ物が次々と溢れ出てくるばかりでなく、死んだものを投げ入れれば、蘇ってくるという代物でした。

そんな彼が、一人の女神に恋をしました。

その名前はボアーン。なんと彼の弟の妻だったのです。

ダグダの恋は自分の立場も忘れ燃え上がりました。どうにかしてこの想いを遂げたい。そう考えていました。なぜなら、女神ボアーンも彼のことを憎からず思っていたからでした。

ダグダは一計を案じました。弟に、遠方にお使いを頼んだのです。

弟は言いました。

「分かりました。一昼夜のうちに戻りましょう」

と。彼が出かけて後、ダグダとボアーンは結ばれました。けれど、ダグダはそれでは満足しませんでした。偉大なる魔法の力を使い、なんと時間を9ヶ月間も止めたのでした。その間にボインはひとりの子供を産み落としました。

その赤ん坊は比類なき力を持ち、オインガスと名付けられました。戻ってきた弟は、ダグダの魔術で時が止められていたことに気づきもせず、元の生活に戻りました。

けれど、自分の行いに恥じたボアーンは、海の神様の持つ泉の水で、自らの汚れを祓おうとしました。ボアーンが泉の水を浴びようとすると、泉の水は吹き上がり、彼女を海まで押し流してしまったのです。

かくしてボアーンは川と混じり合い、河の女神となり、その川は、今でいうところのボイン河になりました。さて、残されたオインガスは、しきたりに従い、ダグダの兄弟であるミディールの所に養い子として預けられました。

そこで彼は立派な青年に成長したのでした。オインガスが纏うのは夜の帳のマント。それは恋人たちを隠し、一時の幸せを与えると言います。その肩にはつがいの小鳥が飛び交わし、その囀《さえず》りを聞くと恋人たちは口づけをしたくなると言います。彼は恋の神でもありました。

そんなある日、彼は、自分の本当の父親がダグダであることを知りました。サウインの夜。オインガスはダグダの住むボイン河畔の宮殿に出向き、自分を息子と認めることと、領地を分け与えてくれるよう願い出ました。

ダグダは、オインガスが自らの息子と言うことははっきりと認めたのですが、既にその時、ダグダは自分の所領を沢山いる他の子供たちに分け与えた後だったのです。

「すまない、愛しい我が息子よ。お前に与える土地も、宮殿も、何一つ無いのだ」

それを聞いたオインガスは、考えました。そして、

「ならば、今日、一昼夜の間、この宮殿を私の自由にさせて下さい」

と返しました。

ダグダはそれくらいお安いご用だと、その願いを受け入れました。夜が明け、ダグダは戻ってきましたが、オインガスは宮殿に居座ったままでした。

「お前が自由にして良い時間はもう過ぎた。さぁ、私に宮殿を返しなさい」

父神の言葉に、オインガスは答えて、

「確かにあなたは、私に一昼夜この宮殿を自由にして良いと仰いましたね」

「ああ、言ったとも。だからこうして戻ってきたのだ」

「では、この宮殿は永遠に私のものです。なぜなら、サウインの夜は時間が無くなります。それは即ち永遠。この宮殿は永遠に私の自由にして良いとあなたは認めたということに他ならないのです」

昔から、サウインの夜は、昼と夜が溶け合い、時間が無くなると言われています。してやられた！

とダグダは思いましたが、自分が発した言葉ですから取り返しが付きません。

かくしてボイン河の宮殿は、恋の神オインガスのものとなったと伝えられています。

時を止めた父神が、時の消失した日に、その原因となった息子にしてやられるというなんとも言いがたいお話である。神話や説話の中で、ダグダは布袋腹の巨漢で、大食らいと記されている。赤髭を伸ばし、纏う服も寸足らずだとか、父神でありながら、滑稽な描写が目立つ。

『La Mythologie Qeltiqe／邦題・ケルト神話の世界』を記したヤン・ブレキリアンによると、この説話も、彼の容姿も、古い神が、新しい神に取って代わられたことを示しているという。そう考えれば父神の容姿も納得がいく気もする。しかし、この性に奔放なところや、時間さえせき止められる尋常ではない魔力などは、妖精の起源としてとても似つかわしい気がする。

ボイン河流域の遺跡群は、ニューグレンジの他に、ノウス、ドウスなどの墳墓があり、美しく復元され、麓のヘリテージセンターからのガイドツアーで見学することができる。

第三章　ロッホクルー遺跡

ミーズ県には、ニューグレンジのように、美しいカービングが今でも残る遺跡が他にもある。ニューグレンジ遺跡やタラの丘より内陸に入った『Slieve na Calliagh ／ 妖婆の山』の山頂にあるロッホクルー遺跡群がそれだ。紀元前３０００年以上前のものだとされるこれらの遺跡群は、ニューグレンジ、スライゴのキャロウモア、同県にあるカルキール遺跡群と並んで四大隧道付き墳墓とされる。

大小のストーンサークルや塚が並び、Ｔと識別番号の振られた墳墓には、木の葉の形や花、太陽にも見えるカービングが施されている。もちろん、この墳墓には春分と秋分に太陽の日が射し込むように設計されている。

今のように正確な機器もないのに良く作れたものだと感心してしまう。ダーナ神族が魔法を使ったという伝説は、こんなところからも感じることができる。

それと同じように、気になるのは、この山の名前である。妖婆カリアッハとはどんな存在なのだろう。アイルランドやスコットランドには、冬の化身、そして山や巨石をつくる巨人の妖婆が住むと伝えられている。彼女らは、ヒイラギで作られた魔法の杖を持ち、冬の到来を知らせ10月末日のサウインから5月1日のベルティネまでを支配する（冬との関連性はアイルランドの妖婆にはあまり見られず、主に

ロッホクルー遺跡。奥に見える塚山が隧道付き墳墓

スコットランドに由来する）。

　彼女たちは石をエプロンの前袋に詰めて歩き回る。時々それを落としてしまうので、不思議な形に据えられた石たちは、彼女らの落とし物だとされる。

　こんな話がある。

聖パトリックと魔女
　昔々、この近くに魔女が住んでいました。魔女は前々からキリスト教を伝道しにきた聖パトリックが気に入らなくて、ある日、彼に勝負を挑みました。

「どっちが遠くまで飛べるか競争だよ！」

　聖パトリックは、いやいやながらも勝負を受け、丘から丘へと飛び移りました。

　もちろん魔女も負けじとそれに続きました。しかし最後の丘に飛び移ったその瞬間、魔女は躓いて頭を打ち付けて死んでしまったのです。

もちろん勝負は、聖パトリックの勝ちとなったのですが、その時彼女のエプロンから持っていた岩がゴロゴロといくつも零れてしまいました。

それが、今でいうところのロッホクルー遺跡となったのでした。

ちょこっと妖精学《バンシー》

妖精譚は田舎のもの。そう思う人は多いだろう。確かに田舎、特に過疎化したようなところには多くの妖精譚が残り、今でも妖精信仰の名残がいくつも見受けられる。

しかし都市部でも妖精譚、とりわけ妖精遭遇譚はいまでも生きている。その最たるものがバンシーだ。アイルランド語でバンは女性、シーは妖精を意味する。直訳すると『妖精の女』といったところか。彼女は別名『泣き妖精』といい、人の死を予見するという。彼女たちは痩せぎすで白い衣を纏い、泣き腫らした赤い目をしている。そして死者の出る家の前でさめざめと泣くという。とりわけ名家に憑くとされ、偉大な人が亡くなる時などは数人のバンシーが現れるという。

オーやマクと付く名家には長くバンシーが取り憑くというが、集められた民話などを見ると、そうとも限らない。ごく普通の農民の家でも主人が亡くなる時バンシーが現れる話が多数ある。

そしてジャガイモ飢饉の時には彼女らの凄まじい泣き声が響いたとも伝えられている。バンシーは決して死を招く妖精ではない。ただ誰かの死を悼み、泣くのだ。

伝承の中には、泣くだけではなく血に濡れた経帷子を川岸で洗っていたりもすれば、時にチェスの次の手を教え、子守もしてくれるというから、どちらかというと守護妖精の類いに近いのかも知れない。

そんな彼女は今でも時々姿を現す。コーク大学やダブリン大学が中心になって妖精譚や民話の蒐集を行っているが、それらの中で今でも遭遇譚が多いのはバンシーだそうだ。

こんな話を聞いた。

ある夜のことです。彼女は、長く患っている祖母に付き添い、病院に泊まることになっていました。消毒液の匂いのする病院は冷たい雰囲気で、ただ時計の秒針の音だけが部屋に響いていました。

真夜中前のことです。どこからか人の声のような、うすら寂しい声が響き始めました。その途端、それまで静かにウトウトとしていた祖母は目を覚まし、

「バンシーが泣いてるよ、バンシーが泣いている声がするよ！」

と取り乱して叫びだしました。付き添っていた彼女は今にも跳ね起きそうな祖母の体を抱きし

め、こう言いました。

「おばあちゃん、違うわ、あれは猫よ。猫の鳴き声よ！」

祖母は暫くして亡くなりました。


この話は現在80歳になんなんとするダブリンのご婦人から聞いた話だ。これ以外にも、ゴールウェイ大学での民俗伝承のカリキュラムに参加した学生たちからも、バンシーの話はよく聞いた。人が死から逃れられないうちは彼女の仕事はなくならないのだろうか。そして彼女たちはまた、死を宣言する戦女神のバドゥが零落《れいらく》した姿だという。

ちょこっと妖精学《リャナンシーとガンコナー》

アイルランドはその昔、学問と宗教の島と言われていた。多くの学僧が、ひとり静かに苦行や瞑想をし、多くのことを学んだ。それらの痕跡は南部のケリー県のビーバイブと呼ばれる小さな僧房として残されている。

またケルズの書をはじめとする、美術品としても素晴らしい写本の数々も彼らの功績だ。それらよりも前、神々が地上にいた頃から、詩歌や物語はこの国において重要な位置を占めてきた。王城には竪琴弾きと語り部の声が木霊し合い、自分たちがどこから来てどこに行くのか、その人生のあらましを語り、無聊を慰め、時に笑いで場を和ませた。

そういう素地があってのことだろうか。アイルランドには詩や芸術の霊感を与える妖精がいる。リャナンシー。それはそれは美しい姿をしていて、詩人や歌い手に霊感を授けるという。一種のミューズと捉えてもよいのだが、代わりに彼女は彼らの命（一説には血とも）を少しずつ奪ってゆくという。随分と高い対価だが、そのお陰で詩人は素晴らしい詩を残し、歌い手は聞く者の心を打つ歌を歌い上げることができるようになる。

W・B・イエイツによれば、アイルランドの素晴らしい詩人が短命なのは、みなリャナンシーに魅入られているからだし、グレゴリー夫人によれば、リャナンシーは王に勇気を与える。華々しい勲や栄華と引き換えに命を奪うというのは、モリガンなどをはじめアイルランドの霊格の特徴なのだろうか。

もしも詩人が彼女の愛を拒めば、奴隷のように詩人にかしずくと言われる彼女だが、美しいものへの感受性が強い詩人が彼女を退けるのは難しそうだ。

その魔性の美しさは、時に歌にも登場する。「My Lagan Love」はアイルランド北部ドニゴールの伝統曲である。アイルランドの詩人ジョセフ・キャンベルの英詩で有名なこの曲のなかで、恋の病として登場する。不思議で耳に残るメロディは様々な歌手たちにカバーされている。

恋を囁く妖精は女性しかいないのだろうか。そんなことはない。その名も『ガンコナー（愛を語る者）』という妖精がいる。昔アイルランドで愛用されていた粘土製の短いパイプを吹かしながら田舎娘を口説くという。

しかし、この妖精が語る愛は一時の戯れでしかなく「口説き妖精に出会った女は、やがて自分の経帷子を織るようになる」とエスナ・カーベリーは詩篇『口説き妖精』で描いている。死の接吻というと、女性（型の人外の者）から男性にという描写が多いが、ガンコナーの口付けもそれと同じで冷たく、抱かれた腕の中で死の風が吹くという。

彼らとの恋物語は多く語られているが、やはり、最後は悲恋で終わることが多いようだ。

第Ⅲ部　北部篇

第一章　ナヴァンフォート

アイルランドには国境がある。

アルスターと呼ばれる北部アイルランドには、アーマー県、アントリム県、ダウン県、ティロン県、デリー県、ファーマナ県、キャバン県、ドニゴール県、モナハン県の9つがあり、うちアーマー県、アントリム県、ダウン県、ティロン県、デリー県、ファーマナ県の6県は北アイルランド＝イギリス（以下ＵＫ）領となる。

北アイルランドの通貨はユーロではなくポンド。主な宗教もカトリックではなくプロテスタントと、政治や経済でもアイルランドとは違いがある。北アイルランド問題と呼ばれた紛争からまだ四半世紀も経っておらず、争いは根深く残っていると言われている。

とはいえ、お話、妖精譚を追う上で、北アイルランドは外せない土地である。ここからは少し、場所を変えてお話しようと思う。

北アイルランドにはダブリンから電車やバスで気軽に訪れることができる。

約2時間の旅程だが、途中、国境を越えることとなる。検問も何もなく、電車ではＵＫ領に入ったこと、通貨がポンドだが車内では引き続きユーロも使えるとアナウンスされるだけで、バスに至っては何も告げられない（2019年時）。

ただ、町の雰囲気が何となく変わった気がする。それが町並みによるものなのか、ただの気のせいなのか分からないが、なんだか違うな、と思ってスマートフォンのアンテナを確認すると、IEがUKにしっかりと変わっている。

このことをアイルランドの友人に話すと「分かる。何かが変わるよね」と言った。別の友人たちにも聞いてみたが、多くの人が何かの違いを感じるそうだ。

話を戻そう。妖精譚をめぐる旅で外せないのは、アーマー県にあるナヴァンフォートだろう。ここは西部篇で紹介した女王メイヴの仇敵であり光の神子《みこ》クーフーリンがいたとされるアルスターの王都跡なのだ。

アーマーの町から車で10分ほど行ったところにナヴァンフォート・ヘリテージセンターはある。古代の住居、そして墳墓を模したセンターには展示室やお土産物売り場などが併設されている。特にシアタールームでは、クーリーの牛争いのあらましや、この場所に纏わる伝説などが、映像と語り部の語りにより紹介されている。

その中の伝説に、こんな話が有る。

昔々、クンルフーという男がいました。

彼は裕福な農夫でしたが、奥さんに先立たれ、一人で暮らしていました。

ある日のことです。屋敷の庭に、素晴らしい乙女が立っていました。彼女は美しくし、様子も、纏っている衣も立派でした。

「いったい彼女は誰なんだろう」

と訝しんだクンルフーでしたが、その美しさに見とれていました。

するとどうでしょう。その乙女は一言も口を利かず、クンルフーの家に入ると、家の仕事や食事の支度を始めたのでした。もちろんクンルフーは、あなたは誰で、どこから来たのか。どうして私の世話を焼くのか、と尋ねましたが、乙女はまったく答えようとしませんでした。

夜になって、クンルフーが寝台に入ると、乙女も一緒に入ってきました。そうしてふたりは結ばれ、夫婦として暮らすことになったのでした。

彼女の名前はマハと言いました。愛し合う日々が続き、マハは子供を身籠もりました。

そんなある日のことです。アルスターの王宮で、盛大な催し物が開催されることになり、土地の有力者でもあったクンルフーも招待されていました。けれど、出かけようとする夫に、マハは言いました。

「どうか、どうか行かないでください」

「これはおかしなことを言う。どうして行ってはならないんだね？」

訊ねるクンルフーにマハは、思ってもみなかったことを告げたのでした。

「もしも今日の集会に出れば、きっと取り返しの付かないことになるでしょう」

「取り返しの付かないこと？　それはどう言うことなのだ？」

マハはただただ、行ってくれるなと言うばかり。愛する妻の頼みは聞いてあげたいのですが、王宮の催しに呼ばれることは、とても名誉なことでクンルフーにとってはぜひ参加しておくべきことだったのです。

最後にマハは言いました。

「では、どうか私のことはお話にならないで。もしあなたが私のことを話したなら、きっと私たちの間に大変なことが起こるでしょう」

ひどく重い言葉でした。いったい何があるというのだろうと、クンルフーは心配になりましたが、王宮に着いてみると、そこは大変な賑わいで、すっかりそのことを忘れてしまったのでした。それも仕方のないことです。芸人たちの曲芸に、吟遊詩人や語り部たちの歌物語。ありとあらゆる美酒佳肴が揃っていたのですから。

ほどなくして、宴のメインイベント、ホースレースが始まりました。アルスター中から駿馬名馬が集められ競うのです。しかし、クンルフーには分かっていました。

「どうせ、王様の馬が勝つに決まってるだろうさ」

レースは彼の予想通り、王様の馬が1等になりました。それもそのはず、王様はその力で、国1番の馬を手配していたのですから。

周りの家来たちもそのことを当然知っているのですが、誰もが王様に取り入ろうと、おべっかとお世辞を並べ立てています。ますますクンルフーは不機嫌になり、つい呟いてしまったのです。

「あんな馬より、私の妻の方がよっぽど速く走れる」

その呟きは、不幸にも大臣たちの耳に入ってしまいました。争いごとの好きな彼らは王様に告げ口しました。

「お前の妻は、そんなに足が速いのか。しかも私の馬よりも！」

侮辱された怒りに顔を真っ赤にした王様が言いました。

「いえ、まさかそんなことは……」

しまったと口を紡ぐクンルフーですが後の祭りです。王様や大臣たちは、お前の妻を連れてこい、王の馬と競走させよと命令したのでした。クンルフーは、妻との約束を破ってしまったのです。

「ああ、妻が心配していたのは、このことだったのか」

翌日、マハは王様の前に連れてこられました。身重の彼女は、どうかこんな馬鹿なことはおやめくださいと懇願しました。

「私のお腹には赤ちゃんがいます。どうか、この子のためにも、お考え直してください！」

けれど王様は、聞き届けませんでした。それでもお前は速く走れるのだろう？　とすぐさまレースの準備をさせたのでした。もしもマハが断れば、きっと王様はクンルフーを罰し、その累はマハにも及ぶことでしょう。

仕方なく、マハは大きなお腹を抱えて王様の馬と勝負することになりました。誰もが身重の女よりも、王の馬が勝つと思っていました。しかし。

マハの走りは風の如く、雷が空を駆けるかのようでした。結果、マハは勝ちました。彼女はゴールした途端、その場に崩れ落ち、叫び声を上げ始めました。

お産が始まったのです。王宮全てを揺らすような声と共に、マハは双子を産み落としました。そして彼女は王に向かって、そして空に向かってこう言ったのです。

「私の受けた辱めを、この苦痛を、この国の男たちも味わうが良い！　九代にわたり、この国の男どもは一大事があれば、産褥の苦しみで、足は萎え、病の床に伏すことになるのだ！」

その呪いは、本当にアルスターの男たちに降りかかりました。

このマハの呪いが、巨大な牛を争ってアルスターとコノハトが長く戦った「クーリーの牛争い」に影響し、未だ少年兵であったが故に、呪いを免れた光の神の子クーフーリンが一人で戦場に向うきっかけとなったのでした。

この逸話があって、アルスターの王都はエヴィン・マハ、マハの双子と呼ばれるようになったという。なんとも後味の悪い話なのだが、女神を怒らせたのだから仕方が無い。

マハという不思議な女性は、実は女神だとされている。世界各国の伝承に見られるように、神々は時に素性を隠して人と結婚する。マハは、アイルランドの戦女神バイヴ・カハの一柱なのだ。戦女神と言えばモリガンだが、マハ、モリガン、そしてバドゥの三女神は、違った神格ではあるが、時にお互いがすげ変わり、バイヴ・カハというひとつの神格を為すという。

彼女たちはワタリガラスに変身し、戦場を飛びさすらい、不吉な啼き声をあげ、戦局をより混沌としたものにするという。そう考えれば、彼女の呪いが、国を巻き込んだ戦いに影響したことは納得がいく。

この話はあくまでも神話、伝承だが、このナヴァンフォートが、キリスト教がやって来る5世紀以前、アルスターの重要な場所であったことはほぼ間違いないようだ。

センターの裏手には直径280メートルにも及ぶ堀を持つ囲い地があり、中には更に大小様々な円形の塚と墳墓が残されている。ここには何らかの宗教施設があったとされ、出土した建物からは故意に燃やされた跡が見つかった。

考古学者の調査では、直径40メートルに及ぶその建造物には紀元1世紀頃に伐採されたとされるオークの木が使われ、中心には40メートル以上の柱が立てられていた。完成した建物には石が詰められ、外から火が放たれたという。恐らく宗教的な捧げ物であったそうだ。他には、近くの湖からは、

ナヴァンフォートからの眺め

同じように捧げられたと思われる精巧な装飾の施されたラッパが見つかっている。

センターの横には、その頃の住居を再現した建物もある。中に入ることもでき、炉辺なども設えられ、イベントの時には、当時のコスチュームを纏《まと》った職員によるデモンストレーションも見られる。

アーマーには、他にも宗教的に重要なポイントがある。プロテスタントの聖パトリック大聖堂に残された神像たちだ。フィルボルグとの戦いによって右腕を失ったヌァダ。クーフーリンの父神である太陽神ルー。彼らを模したとされる数々の石像は、今は大聖堂の地下に展示されている。

ある説によると、これらの石像は、アーマーに隣接するダウンはニューリーの沼地から発掘されたという。しかしいつ誰が、どこから運んできたか正確には分からない。もしもキリスト教伝来以前に作られたとするなら１５００年以上前のものになる。

キリスト教以前の土着の神々が、アイルランドに伝道した聖パトリックに因む大聖堂に納められている。その様子は、妖精たちの起源のひとつを示しているように思えた。先住民族の残影とされる妖精たちはもうひとつ、キリスト教に駆逐された旧い神々という顔も持つ。

こんな話がある。

聖パトリックとタラの丘の王

昔々、パトリキウスというキリスト教のお坊さんが、尊いキリスト教を伝えるためにアイルランドにやって来ました。

今と違い、旅は大変な危険をはらんでいました。飛行機も電車もありません。海も粗末な船で渡るしかないのです。それればかりか、異教の土地に赴くのはもっと危険です。見知らぬ神を祀る悪魔の使いだと殺されることだってあるのですから。

幸いにも、パトリックは知っていました。今から向かう国がどんな土地で、そこに住む人たちがどんな生活をしているかということを。

彼は幼い頃、盗賊に攫われ、アイルランドで羊飼いとして暮らしていたのです。パトリックと数人の供の者は、荒波を乗り越え到着すると、タラの丘近くのスレーンという町に身を寄せました。

最初に会うべきはタラの王宮に住む大王だと決めていたからでした。しかし、パトリックはすぐには王宮に出向きませんでした。じっと時期を伺っていたのです。

その頃のアイルランドでは、インボルグ、2月最初の日に篝火《かがりび》を焚いて、春の到来を祝うお祭が催されていました。その日は王以外、何人も火を焚いてはならないとされていて、もし破ると神々が怒り、作物は実らないとされていたのです。ですからその掟を破ればひどい罰を受けることになっていました。

インボルグの朝。大王はタラの丘に登り、篝火に火を付けようとしました。ところが、向こうに見えるスレーンに、とんでもなく大きな火柱が立っていたのです。

「いったい誰が火を焚いているのだ！　誰の許しを得て大王の真似事をしているのだ！」

彼は怒りました。もちろん、傍に控えている魔法使いのドルイドたちも。

大王たちは隊列を組んでスレーンに向かいました。しかし着いてみて驚いたのは、火を付けたパトリックが、まったくの素朴な、質素な姿をしていたことです。大王の真似事をするのですから、きっと大王と同じように立派な、分不相応に豪奢な装いをしているに違いないと思っていたのです。

パトリックは言いました。

――私の神キリストは、インボルグに篝火を焚いても、何の罰も与えないでしょうと。大王は驚き、もっとパトリックの話を聞きたいと思いました。

——そなたの話をもっと聞かせてくれ。

パトリックは正式にタラの丘の王宮に招かれることになりました。

そうはいかなかったのはドルイドたちでした。彼らは予言の力で、パトリックの来訪が、長く続いてきた自分たちの特別な地位を奪うことを知っていたのでした。その頃のアイルランドで信仰されていた神々は、大変な数で、水や山などの自然の神々や、勇気や薬、戦いの神などがいました。それら神への信仰を司っていたのが、ドルイドたちだったのです。

パトリックが十字架と共にやって来ました。彼は大王の前で、3つの聖なるもの、父と子、聖霊について説きました。ドルイドたちはそれを聞いて嘲りました。

——3つのものがひとつに宿るなどあり得ない！

パトリックは、足下から三つ葉のクローバーを摘み取りこう続けました。

——この三枚の葉のように、父と子と聖霊は宿っているのです。

言い込められたドルイドたちはカンカンに怒りました。そして自分たちの信じる神々が、いかに偉大で力があるかを示すために魔法を使ったのです。

突然空が曇り、雪が降り始めました。パトリックはそれを見て、ため息を吐き祈りました。すると空を覆っている雪雲は一瞬で消え去り、太陽が燦々と輝きはじめたのです。

——魔法を使ったな！

ドルイドたちは言いました。

——違います。これは神の奇跡です。

一部始終を見ていた大王は、パトリックの信じる神の奇跡を目の当たりにし、こう決を下しました。

——私は伝統を尊ぶが、同じようにそなたの神にも敬意をはらおう。これよりそなたは自由にこの国を行き来し、そなたの信じる神の教えを広めるが良い。

こうしてパトリックは大王の許しを得て、アイルランドにキリスト教を伝道していったと伝えられています。


アイルランドで広く知られた説話である。

欧州の多くの国々では、伝道の最中、土着の神の多くが悪魔とされ、その物語は改変されていった。しかし、アイルランドをよく知っていたパトリックの「それはそれ、これはこれ」という姿勢のお陰で、あまり姿を変えず、後世に残されたという。

しかし、信仰の対象が旧い神々（ダーナの神々）からキリストに移って、捧げ物をされなくなった彼らはどんどん縮んで小人になったとも言われている。巨人だとも言われるダーナの神が小人になったというのだから、どれだけの数の祈りが、新しい宗教に移っていったのだろうか。

もちろん布教の途中で、悪魔とされた神々もいた。しかし、魔王アスタロトとして堕とされたメソポタミアの金星と美の女神イシュタルのようにはならなかった。地獄に落ちるほど悪くもなく、天国に戻れるほど善良でもない彼らは、最後の審判の日まで地上に留められているとも言われている。

往時の人たちの中には、妖精は堕天使だと考えている人たちも多く、彼らはルシファーが地獄に堕とされるとき、一緒に堕とされたという。だから、彼らは時々、神父に訊ねるのだ。

「私たちは、最後の審判の日、天国の門を潜ることができますでしょうか？」

と。

第二章　巨人の作ったジャイアンツコーズウェイ

北アイルランドの世界遺産と言えば、アントリアム県のジャイアンツコーズウェイだ。太古の昔、火山活動で溶解した玄武岩が冷えて固まってできた石の柱が海岸沿いに連なっている。海岸沿いに、水面からおよそ4万もの六角形や八角形の石柱がせり出し続くさまは、まさに奇景だ。最大15メートルにもなる石柱だが、その天辺は平たくなっていて、上を歩いて行ける。

この奇岩を一目でも見ようと観光客が押し寄せ、いつも賑わっている。カメラを片手に思い思いのところで記念撮影をする。水平線の向こうにはウイスキーで有名なアイラ島。その向こうにはスカイ島。スコットランドがすぐそこだ。奇岩は六角柱だけではない。中には巨人のブーツと呼ばれるLの字型をした奇石なども見られる。ここは巨人に由来する場所なのだ。

こんな話がある。

巨人フィンとジャイアンツコーズウェイ

昔々、この辺りにフィンという大男が住んでいました。

彼は並ぶもののない力持ちで、妻のウーナと幸せに暮らしていました。

ある日のことです。お隣のスコットランドから使者がやって来ました。使者は恭しくもこう伝えました。

「私はスコットランドに住む『力持ちのアンガス』からの挑戦状を持ってきました。彼は最も背が高く、一番の力持ちのスコットランドでも並ぶもののない巨人なのです。彼は今まで多くの巨人を打ち倒してきました。あなたは彼からの挑戦を受けますか？」

それを聞いたフィンはこう返しました。

「もちろんだとも。返り討ちにしてくれる！」

その日からフィンは大忙しです。毎日のように様々な大きさの六角形の岩を持ってきて、海岸に敷き詰め始めました。それは幾つも幾つも連なり、海へと続いてゆきます。

フィンは、スコットランドへ続く道を作ろうとしていたのです。それは千も二千も敷き詰められ、どんどん伸びてゆきます。誰もが、本当にこのままスコットランドへの道ができるかも知れない、そう思いました。

フィンが家に帰ってくると、愛しのウーナが心配そうな顔で出迎えました。

「どうしたんだ、ウーナ。お前の花のような笑顔が台なしじゃないか」

するとウーナは言いました。

「今日、嫌な話を聞いたの。あなたが挑もうとしているアンガスは、あなたより強いんですって」

「なんだって？」

「あなたより大きくて力持ちなんですって」

「それは本当か？」

そう言ってフィンは親指を噛みました。彼の親指には不思議な力があり、噛むとありとあらゆることを見通せるのです。フィンの頭に閃きが舞い降りました。

「本当だ！　本当にヤツは俺よりも強い！　しかも明日にはヤツはここに来る。どうしよう、俺はこのままだと打ちのめされちまう！」

慌てるフィンにウーナは言いました。

「大丈夫よ、私に考えがあるわ」

「おお、麗しのウーナよ、お前は美しいだけでなく、その上賢いのか！」

「さぁ、準備をしましょう。明日には、アンガスが来るのでしょう？　あなたは小麦を挽いてくださいね」

ウーナは毛糸を取り出すと、せっせと編み始めました。フィンは言われるまま、小麦を挽きました。ウーナは挽かれた小麦を使って、大きなパンを焼きました。ひとつはふっくらとしたのを。もうひとつにはたくさんの釘や鉄くずを入れて。明け方近くになって、彼女は大きなロンパースを編み上げました。

「さぁ、あなた、これを着てそこに寝てちょうだい」

指さした先には、大きな箱がありました。

「そして赤ちゃんのフリをして寝ていてちょうだいね。そうすれば万事上手くいきますからね」

フィンは言われたとおりにロンパースを着て箱の中に横たわりました。

「じゃあ、私は少し仮眠を取りますからね」

ウーナがうたた寝をしてすぐです。

ドシン、ドシン、ドシン。大地を揺らす足音がしたかと思うと、ドアが無作法に開けられ、大男がぬぅっと顔を出しました。

「ここにフィンという男が住んでいるというが本当か？」

髭もじゃの顔に、大岩のような力こぶ。アンガスがやって来たのです。その鼻息はまるで大風でした。木箱の中でフィンは、これじゃ勝ってこないとブルブルと震えましたが、ウーナは涼しい顔をしてこう言いました。

「そうですよ。ここはアイルランドで1番のフィンの家ですすよ。あなたはどなた？」

「ワシはスコットランドから来たアンガスだ。フィンに勝負を挑みに来た」

「あらあら。そうでしたのね。でもお生憎様。愛しいウチの旦那はいま出かけていますよ」

「そうか、ならここで待たせて貰おうか」

そう言ってアンガスは遠慮会釈なしに家に入ってきました。ドンと椅子に居座ると家が揺れます。

「あら、今日は北風が強いわね。ねぇ、アンガスさん。もしよかったら風が戸に吹き付けないように、家を少し動かして下さらない？」

「家をだと？」

アンガスは驚きました。風を避けるために家を動かすなんて聞いたことがありません。しかも、フィンの家は石造りで、とても大きなものでしたから、動かすなんてできそうにありませんでした。

「そんなことができるわけはないだろう」

「あら、そうなの。ウチの旦那は簡単にやってくれますけどね、仕方ないわ。お茶でも飲んで待っていて下さいな」

ウーナはアンガスにお茶を用意しました。

「あなた、お腹減ってらっしゃる？」

「そうだな、少し減ってる」

「じゃあ、これでも召し上がって待ってなさいよ」

そう言って、ウーナはアンガスに、釘やら鉄くずが入っているパンを渡しました。

ガチン！　もの凄い音を立ててアンガスの歯が折れました。

「何だこのパンは！　歯が折れたじゃないか！」

情けない顔をして叫びました。すると、お茶を注いでいたウーナは素知らぬ顔で、

「あら、堅かったかしら？　そんなことないわよね。だって、私たちの子供だって食べているんだもの」

と木箱の中の赤ん坊（のフリをしているフィン）を指さしました。木箱の中で、ロンパース姿の赤ん坊が、ムシャムシャとパンを頬張っています。

「まさかそんな！」

アンガスが覗き込むと、確かに赤ん坊は美味しそうにパンを食べています。

「なんてデカい赤ん坊なんだ！」

「あら、そんなことで驚くなんて、ウチの旦那はもっと大きいわよ」

赤ん坊でこの大きさだというなら、フィンはどれほどの大男なのでしょう。

しかも自分が前歯を折ったパンを、平気な顔ですっかり食べきってしまったのですから！

「いったいどんな歯をしてるんだ？」

そう思ったアンガスはひとつ見てやろうと、赤ん坊の口の中に指を突っ込んでみました。

その瞬間です。フィンは思い切りアンガスの指に噛みついたのでした。

「痛ててて！　なんて赤ん坊だ、牙が生えてやがる！　こんな子供がいるフィンに勝てる訳がない！」

そう言ってアンガスは一目散にスコットランドに逃げ帰ってゆきました。

ジャイアンツコーズウェイ。人と比べると石柱がどれくらいの大きさがよくわかる

いまもアントリアムにあるジャイアンツコーズウェイは、その時フィンが作ったと言われています。その証拠に対岸のスコットランドのスタファ島にも、同じような海岸があります。アンガスが作った石橋の残りだそうです。

アイルランドらしい愉快な話だ。

巨人もまた妖精の仲間だと言われている。ダーナの神々のように、人に顧みられず忘れられ、縮んでいったとされる。

第三章　デリー

北アイルランドで忘れてはならない曲がある。ダニーボーイ。ロンドンデリーの歌として知られるあの名曲である。

ちなみにロンドンデリーという呼称は、アイルランドでは忌避される傾向にある。血の日曜日、ボグサイドの虐殺とも呼ばれる事件が起こった場所であり、いまでも南北問題の火種が燻る土地でもある。それ故、アイルランドではロンドンを付けずに「デリー」と呼ぶことが多い。それでもダニーボーイが素晴らしい曲であることに変わりはない。

そしてこの曲は、妖精の演奏した曲だというのだ。17世紀のスコットランドにいたとされる伝説的ハープ奏者ローリーオカハンが妖精の弾くハープを聞いて、それを編曲したと言われている。

また別の伝説では、デリー県はリマバディにいたオカハン家の当主が酔い潰れ、召使いに起こされたとき、どこからともなく聞こえてきた曲があった。それは妖精たちが演奏していた曲で、彼はそれを書き留めて、以降土地のハープ弾きの手で演奏されたという。どちらもアイルランドやスコットランドではよく聞く名曲の謂われである。

最近の研究では、19世紀の同じくデリー県に実在した盲目のフィドル弾きジミー・マッカーリーが弾いていた『Aislean an Oigfear / Young mas's dream』という曲のアレンジが元になったのではないかと見られているようだ。

どちらの曲も、甘く切ない心を揺さぶる旋律である。ラジオはおろかレコードもなかった時代。楽曲は旅回りの楽士や、語り部たちによって方々に伝えられ、また歌う人の数だけ歌詞があった。この曲も同じで、１００以上の歌詞があったとされる。美しい名曲には、それだけ歌う人の思いや願いが込められているのだろう。

日本で良く知られたダニーボーイの歌詞は戦争に向かう我が子を思う歌詞だ。

Danny boy

Oh Danny boy, the pipes, the pipes are calling
From glen to glen, and down the mountain side
The summer's gone, and all the roses falling
'Tis you, 'tis you must go and I must bide.
But come ye back when summer's in the meadow
Or when the valley's hushed and white with snow
'Tis I'll be here in sunshine or in shadow
Oh Danny boy, oh Danny boy, I love you so.

ああ、ダニーボーイ　バクパイプの音がお前を呼んでいる
谷から谷へ、そして山から下りてくるように
夏は去り、全てのバラが散った。
ああ、お前は去り、私はここでじっと待つ
けれど、夏草が生い茂る中、戻ってきて
雪で谷が白く静まりかえった時でもかまわない
私はここにいる。日射しの中、影の中で
ああ、ダニーボーイ。何よりも愛しいお前。

Frederic Edward Weatherly・作詞／拙訳

ちょこっと妖精学《黒妖犬《こくようけん》》

まだ電気も通ってなかった頃、夜歩きは大変危なっかしいものだった。とりわけ田舎道では、この世ならざる者に出会す危険性があった。

もちろん妖精に行き会うのも不吉だが、最も怖れられていたのは黒妖犬（ブラックドック）だろう。アイルランドのみならず英国にも出現したこの犬は、その名の通り黒く、子牛ほどの大きさがあると言う。燃えるような目をして、時に人の言葉を話すという。こんな話が伝えられている。


昔、カーレーンにスレート葺きの家がありました。それは1923年頃にカーレーンのフランク少将の邸宅を分割した1エーカーほどの土地に建っていました。それは職人の家で、ぶっきらぼうな男が住んでいました。名前はミホイル・ミードと言いました。

この話は52年ほど前になるのですが、ミードは1人でこの家に住んでいました。彼はカードゲームが大変好きで、半マイルほど離れた家令の家に行ってはカード遊びに興じていました。

家に帰るとき、ミードは「ブラックゲート」と呼ばれる関門を通らなければならないのですが、そこは昔から土地の者たちから、殊更夜は嫌厭されているところでした。そこでミードは何度か

『黒妖犬』を見かけていました。黒妖犬は彼の後を家まで付いてくるのです。なんと恐ろしいことでしょう。黒妖犬は昔から不吉だと知られているのです。ミードは恐れをなし、それ以降、できるだけ早く家に戻るようにしていました。

11月のある夜のことです。ミードはカードゲームに夢中になり、すっかり遅くなってしまいました。もう既に時計は夜中の1時を30分も過ぎています。

帰り道、ブラックゲートのところに黒妖犬が待ち構えていて、ミードの後を付いてきました。彼が立ち止まると黒妖犬も立ち止まり、また歩き出すと付いてくるのです。

ミードは恐ろしくて堪らず走り出し、家に駆け込むと、バン！　と扉を閉めました。しかし黒妖犬はドアを打ち壊して入ってきたのです。

翌日、ミードは起き上がることすらできませんでした。家令が医者と神父を呼んできましたが、その甲斐なく、ミードは数日で亡くなってしまいました。

そんなこともあり、その家はお化け屋敷と呼ばれるようになりました。テーブルや椅子、家財道具などもそのままに残されていました。明かりを灯しても、どういうわけかすぐに消えてしまったりして、誰も住むことができませんでした。

ライリーがその家に住むようになったときも、彼の10歳になる息子が突然病に罹り、黒妖犬の祟りのためにベッドで安らぐことはできませんでした。神父が連れてこられ、何時間も祈禱したと言います。

それ以降、黒妖犬の話は聞きませんが、その子には何の光明もなく、亡くなったということです。

(The School's Collection, Volume 0512, Page 087)


黒妖犬のもたらす死は、ある意味絶対的で、その追跡は執拗だともいう。恐ろしいが、こんな話が伝えられている。


ある貧しい女に1人息子がおったんだが、その息子は18歳になったら黒妖犬に殺されると予言されとったんだと。息子は大変心配して、18の誕生日が近づくと居ても立ってもおられんようになって、家を出て国中を彷徨い歩いたそうだ。

そしていよいよ18になる日。息子はある農家に身を寄せておったらしい。息子はその農家の主《あるじ》に、自分の身に起こるだろうことをすべて話して聞かせた。すると主人は、それなら心配いらない、うちには立派な犬がいて、その怪しげな犬を追っ払ってくれるだろうと言った。

12時の鐘が鳴り、予言通り黒妖犬が現れたが、主人の犬に阻まれて息子を殺すことはできなかったんだと。

翌朝、農家を後にするとき、主人は、その犬を息子に譲ったそうだ。これで少しは安心できると、息子はまた旅を続け、その日もある農家に宿を申し出た。その家の主人も彼の話を聞くと、安心するがいい、うちにも素晴らしい犬がいるからと、それはそれは獰猛な犬を連れてきた。お陰で息子は、その夜も無事に過ごすことができたんだと。翌朝、農家の主は息子に犬を譲ってくれた。

2頭の番犬を連れ、また別の町へ向かい、そこでも農家で夜を明かすことになった。息子の話を聞いたその家の主は、それなら安心すればいい、その怪しげな犬はうちの犬に引き裂かれるだろうからと言った。そうしてまたもや息子は無事にやり過ごしたんだ。

それから何度も何度も、黒妖犬は息子を殺そうとしたが、そのたびに失敗した。そんなことが何日、何週間、何年も続き、息子はその予言のことをすっかり忘れてしまったんだと。そして息子は木こりになって奥さんを貰い、森で木を伐って生活していた。

ある日のことだ。またも黒妖犬が現れて息子を襲おうとした。けれど息子は木に飛び上がり難を逃れた。

だが黒妖犬は諦めず、息子の家に向かうと、奥さんに襲いかかった。そうして奥さんに、旦那を殺すなら命は助けてやると脅しにかかったんだ。奥さんは旦那が寝ている間に、黒い釘を胸に打ち込み、殺してしまったって話だ。

(The School's Collection, Volume 0417, Page 161)

なんという執拗さだろうか。それほどまでに黒妖犬の死の影が怖れられていたようだ。よく言われる話では、黒妖犬は悪魔の変身した姿であるとされている。バンシーのように死を嘆くのではなく、死や不幸の運び手でもあるのだ。

他にも、埋蔵された宝を守っているとも言われていて、こんな話が伝わっている。

昔から、スプリングマウントの、墓地に隣接する拗《ねじ》くれたニワトコの根元に財宝が埋まっていると噂だった。掘り出そうとした者もいたが、誰も見つけられない。

それには奇妙な言い伝えがあり、財宝は昼間には見つけられず、夜の内に掘り出さなくてはならないというのだ。

ある夜。大勢で、その財宝を掘り当てようと試みた。発掘は夕暮れ時から始められたのだが、数時間掘り続けた頃、どこからともなく狂った猛牛が現れて発掘人たちを蹴散らしてしまった。

同じ場所を別の調査隊が発掘したときも、あと少しで掘り出せるというところで黒妖犬が現れて灯りの蠟燭を奪い取った。辺りは真っ暗になり、その闇の中に調査隊だけがとり残された。

(The School's Collection, Volume 0406, Page 478)

ちょこっと妖精学《アザラシ妖精》

アイルランドの海岸沿いを歩いていると、波打ち際にプカリプカリと黒くて丸いものが浮かんでいることがある。誰か泳いでいるのか？　そう思ってよく見ると、それはアザラシだった。つるりとした丸い頭が、ウエットスーツを着たダイバーにも見えなくはない。少し沖合の岩場で、数頭が日光浴をしている姿が見かけられることもある。焦げ茶色の流線型の体はどことなくユーモラスで、少し間抜けな感じもする。

けれど間近で見ると、その眼差しには独特の知性が宿っているようにも思える。黒曜石のように光るその瞳に、白目は見えず、見つめる視線はこちらの気持ちを見透かしているようにさえ思える。

だからだろうか、昔からアザラシは妖精の仲間だとされることがある。すべてのアザラシがそうだという訳ではないが、群れの中に混じっている。彼らはアザラシの毛皮を纏い、一見、ごくごく普通に泳いでいるが、よく晴れた日などはその毛皮を脱いで浜辺で踊るという。その姿は男女ともに美しく、漁師などは一目見ただけで魂を奪われるほどだとか。

日本でいう羽衣伝説のように、皮を奪われたアザラシ妖精は海に帰れず、漁師の言いなりになるしかない。彼らは夫婦となり子ももうけるが、毛皮はアザラシ妖精の元に戻る。毛皮を纏った彼らは、妖精の心を取り戻し、それまでの家族への愛を忘れ、海に帰ってしまう。まさしく羽衣伝説である。これらの話は、アイルランドよりも北方のスコットランドやオークニー諸島などで語られ、アザラシ妖精をセルキーと呼ぶ。

アイルランドにもアザラシ（アイルランド語でローン）の話は多く伝わっていて、毛皮を脱がなくとも、彼らは人の言葉を理解し、話す。こんな物語がある。

ある男が浜辺でアザラシを捕まえた。彼は生け捕りにして家に連れて帰り、台所に放しておいた。

その夜、男の友人が同じように浜辺を横切っていたとき、海から

――栗毛のデニース！　栗毛のデニース！

という声がした。

友人は、その話を男の家でした。「栗毛のデニース」という言葉を聞いたとき、台所にいたアザラシは

――ああ、それは私が探していたタイグだ！

と喋った。

男たちはアザラシを海に帰した。その後、そのアザラシを見かけることはなかった。
(The School's Collection, Volume 0298, Page 105)

彼らは水に住むどの妖精よりも穏やかで優しく、たとえ仲間を殺されたとしても、仕返しや報復などはしなかったそうだ。

第Ⅳ部　南部篇

第一章　アイルランド南部マンスターの妖精譚について

今度は南部マンスターに場所を移そう。

マンスター。クレア、ケリー、リムリック、ティペラリー、ウォーターフォード、コークと6つの県で構成されている。とりわけコーク県のコークはアイルランド第2の都市として、また港湾都市としても栄えている。

もちろん南部の他の県も重要な位置を占めていて、リムリック県は西と南を繋ぐ交通の要所として、バスや鉄道の重要な拠点。そしてクレア県には世にも稀なるバレン高原（バレンとは不毛の意味）があり、その独特の植生や自然環境は目を見張る。またガイドブックなどでお馴染みのモハーの断崖や巨石遺跡『巨人のテーブル』はこのクレア県にある。

そんな見どころが詰まったマンスターだが、その中でも観光客を惹きつけるのがアイルランド最西端に位置するケリー県だ。山がちでつづら折りの道をゆくと美しい湖が現れ、見渡す景色に誰もが立ち止まる。それら一つ一つに伝説やお話がある、民話の宝庫でもある。

ケリーを周遊するならキラーニーを拠点とするのがよいだろう。ダブリンから電車も乗り入れているし、なによりB&B（ベッド&ブレックファースト。朝食付簡易宿泊所）やホテルも多い。面積あたりの宿泊施設の数は、アイルランド一という話があるがそれも頷ける。また星付きの高級ホテルも軒を連ね、街の至るところに瀟洒な門構えが顔を見せている。

街の規模としてはケリー県の県都トラリーに比べると控えめだが、メインストリートを外れて少し歩けば、目を見張るような景勝地が広がっている。それもそのはず。キラーニーは2万5千エーカーを越えるキラーニー国定公園の入口にあるのだ。

美しい稜線を見せる山々。その間に神秘的に佇む湖。ひとたびトレイル（散策用の小道）に入れば滝の流れに目を奪われ、遠くには鹿たちの姿が見える。なるほどキャッチコピーの『City in the park』も納得だ。

また国定公園の中には様々な遺跡が点在し、湖の畔に建つロス城はいつも観光客で賑わっている。車で国定公園のドライブウェイを行けば、もっと色んなものが見られる。もしも運転好きならブラックバリーまで行くとよいだろう。ここは僻地のため電気と電話が通るのが遅れ、１９７５年にやっと通ったと言われる場所で、昔のアイルランドの暮らしぶりを偲べる場所にもなっている。

これらの景色すべてを一目で見るのは、国定公園があまりにも広大で難しいが、17号線のレディースビューまで行けば、その美しさが堪能できる。眼下に広がるのはアッパー湖の静かな湖面と緑の木々。空を写すそれはまるで神秘の鏡のようだ。湖に流れ込む河川もまた変化に富んでいて楽しい。このビューポイントの名前は、１８１６年にヴィクトリア女王がここを訪ねたことに由来している。

イギリス殖民地下にあって女王の来訪は色んな意味で話題になった。

他にも幽霊が出ると地元の人たちから噂されるマクロス修道院跡も見どころのひとつだ。しかし妖精を追う旅で外せないのはレイン湖だろう。なぜならこの湖には、妖精王が住むというのだ。

クラフトン・クローカーという海軍書記官がいた。彼はイギリス人であったがマンスターのコーク県に生まれ、絵を描くことが好きで、度々スケッチ旅行で南部の地を周遊していた。彼の興味は絵から土地の民話や伝承歌へと広がり『アイルランド南部の妖精伝説と伝承』を出版、大成功を収めた。これにより彼はアイルランドで最初の昔話採話者となった。これはグリム兄弟の手によってドイツ語に翻訳された。この本の中に、こんな話が収められている。

オドノフーの伝説

遠い昔、この辺り一帯をオドノフーという賢王が治めていました。英知、善意、正義を旨とした治世は素晴らしく、その勲と威厳はこの地方に安寧をもたらしました。

そんなある時のことです。オドノフーはいつものように宴会を催していました。その最中、彼は居並ぶ家臣たちに様々な忠告をはじめたのです。ある者には子孫の栄華を、ある者には犯罪を、そして悲惨さを。それはもはや予言そのものでした。

一頻り告げるとオドノフーはおもむろに立ち上がり、レイン湖に足を進めはじめました。

一体何を、と家臣たちが見守る中、王はこともあろうか湖面に立ち、そのまま沈むことなく歩み続けたのです。そして湖の中央に至ると驚く家臣たちに名残惜しそうに手を振り、その場でかき消えてしまいました。

彼は入水自殺をしたのでしょうか。そうではありません。彼が旅立った5月1日には、ごく限られた幸運な人には、日の出と共に現れる彼の姿が見えたというのです。

その姿は麗しく、黒く輝く鎧に身を固め、兜には白い羽根飾り、そして背中には青いマントが翻っているそうです。白馬に跨がった彼の後ろには若者と乙女たちが付き従い、どこからともなく妙なる音楽が鳴り響いたのを聞いた人もいました。彼らは湖を横断するとまた霧の中に消えたと言いますが、それでもその音楽はいつまで鳴り響いていたそうです。

土地の人は言いました。彼は死んでなどいない。ただこの地上から湖底の妖精郷に居を移しただけなのだ、と。

またこんな伝説も伝わっている。

オドノフーと牛飼い

ある素晴らしく美しい夕暮れのことです。タイグは牛の世話をしながら、目の前に広がるレイン湖の素晴らしい眺めをなんとはなしに見つめていました。

するとと白い霧が立ちこめ、そこから湖の大公オドノフーの一群が現れたのでした。驚くタイグにオドノフーは、

「お前はこの手紙をウォーターフォードに届けなくてはならない」と告げたのです。タイグは驚くやら怖じ気づくやら。

それでもオドノフーは、彼に素晴らしい白馬を貸し与えました。銀の蹄鉄に金の鞍、そして宝石の鈴で飾られた立派な馬でした。

「この馬がどこに行けばいいかすべて知っている。さぁ行くのだ」

タイグはもう従うしかありませんでした。白馬は彼を乗せ、ウォーターフォードに辿り着きました。それから街を進み、ある大きな城の前に止まったのでした。すると中から貴婦人が出てきて
「タイグ、一体何用ですか?」

と訊ねてきたのです。どうして自分の名前を知っているのか驚きながらもオドノフーからの手紙を渡すタイグに、貴婦人はすぐに返事を手渡してくれました。

来た時と同じように白馬に乗って帰ったタイグは、貴婦人からの返事をオドノフーに差し出しました。オドノフーはそれを読むとこう言いました。

「これから楽しいことが起こるぞ。ウォーターフォードの奴らがハーリング(アイルランドの国技の

ひとつ。草ホッケーに似て、神の時代から行われているという）の試合をしに来る。それはお前が今までに一度も見たことのない試合になるだろう」

その言葉にタイグは喜びました。なぜなら彼は大のハーリング好きだったのです。オドノフーは、決して声を立ててはならない、と言い置くと、タイグを再び馬に乗せて湖を駆け、家来たちを呼び集めました。

ウォーターフォードの選手たちはもう揃っていました。始まったその試合のなんと素晴らしいこと。月明かりの元、観戦する者すべてが大興奮に包まれました。そしてオドノフーのチームが優勢になったとき、タイグは約束を忘れ叫んでしまったのです。

「いいぞ！　そこだ行け～ッ！」

その瞬間、ウォーターフォードの選手はタイグに駆け寄ると、ハーリングのスティックで彼の頭を殴りつけたのです。タイグは意識を失い、倒れ込みました。

気がつくと、そこはあの時の牛の世話をしていた湖の畔でした。すべては夢だったのでしょうか。後にも先にも、あんなに素晴らしいハーリングの試合はあの時だけでした。けれどタイグは2度と、その場所に牛たちを連れて行くことはなかったそうです。

西部ノックマに伝わる妖精王フィンバラと同じように、オドノフーも土地と、そこに住む人たちに馴染み、色々な形でその名前が語られている。時に強欲な地主を懲らしめる話や、窮地に陥った小作人を助ける話も多く伝わっている。

このような救いのヒーローの話はアイルランド中に散らばっている。それはオドノフー王であったり、ムラマストの丘に眠るフィッツジェラルド伯爵であったりと様々だが、彼らはある種の救世主として、日頃は湖の底や妖精塚の下などの妖精郷にいて、なにかあると、愛する領民のためにこちら側にやって来るのだ。それはイギリスの圧政に苦しめられたアイルランド民の願いでもあったのだろう。そして、このような救世の英雄像は、妖精郷アヴァロンで傷を癒すアーサー王伝説にも比較される。

そんな、英雄妖精と呼ばれる彼らはどこから来たのだろうか。もちろんそれは神々の残照とも言えるが、その原型はフィオナ騎士団ではないだろうか。彼らは自由と詩歌を愛し、アイルランドの平らかな治世のために奔走した。

その働きは、時に正義の騎手のようであり、時にロビンフッドのような義賊でもあった。人々に愛され、信頼された彼らは、アイルランド中に物語を生んだ。それらは武勲に止まらず、妖精の姫と妖精郷に渡ったオシンの伝説、アーサー王伝説のトリスタンとイゾルデにも影響を与えたという麗しの騎士ディルムッドとグラーニャの逃避行など、彼らの足跡はアイルランド全土に残されている。

彼らの中で、もっとも愛されているのはやはり団長であるフィン・マックールだろう。名の由来となった金髪（フィンとはアイルランドの古い言葉で金髪を意味する）をなびかせ、二頭の妖精犬を連れた彼はいったいどんな男だったのだろうか。

伝えられるところによると、彼はフィオナ騎士団の団長を父として生まれたが、父が政敵との戦いに敗れたために、森の中で育つ。ばあやと女魔法使いドルイドに育てられた彼は素晴らしい若者に成長し、いつしか奪われた父の栄光を自ら取り戻そうと決意するようになる。

当時の騎士というのは、ある種の傭兵には違いなかったが、腕っ節の強さの他に数多の素養を求められ、もっとも大事なのは詩の才能だった。

アイルランドでは昔から、詩の力が大変大事にされてきた。それは神話の中で特に顕著で、詩の力で天候を動かしたり、時に人を呪ったりもできたという。つまり詩作は魔法の類いで、太古の魔法使い（ドルイド）はすべからく詩人だったのだ。

しかし残念にも、フィンには詩の才能がなかった。だから彼は魔法使いフィネガスの元を訪ねる。弟子入りして詩の才を養おうとしたのだ。

そんな折、フィネガスは長年追い求めていた知恵の鮭を釣り上げることに成功した。アイルランドを貫くシャノン川の畔には、食べた者を全知全能にする実がなるハシバミが生えていた。ところがこのハシバミには何人も手を触れてはならないという、神さえ縛る掟があった。

ただ、この畔に棲む鮭だけが、熟した実を食べることができた。だからその鮭の体は、全知全能の知恵の実でできていたのだ。

フィネガスの予言の霊感は、この鮭を最初に食べた者が知恵の実の恩恵を受けられると告げていた。当然、彼は自ら釣り上げた鮭を焼いて食おうと思った。

しかしのっぴきならない理由で火の前から離れなければならず、鮭の見張り番をフィンに言いつけた。「決して食べてはならない」と言い置いて。もちろんフィンはそれを守った。

だが、見張っている途中、鮭の皮が焼けて弾けた。慌ててフィンは皮の破れ目を親指で押さえたが、あまりの熱さで火傷してしまい、とっさにその親指を口に含んだのだ。鮭の脂がフィンの口に広がった。するとどうだろう。今まで感じたことのない輝きが世界に広がったのだ。

風はこれほどに心地よかったのか。花はこんなにも芳しく艶やかだったのか。鳥の囀りも、小川の流れも、日射しも、脈打つ心臓も、すべてが美しさと命の煌めきを放っていた。同時に、すべてが憂いと悲しみも湛えていた。

フィンの口から自然と言葉が溢れた。心に溢れる思いが口から自ずと零れたのだ。それらは韻を踏み、繋がり、詩となった。フィンはこの瞬間、詩の霊感を得た。それは全知全能の知恵を得たことと等しかった。

ことのあらましを知ったフィネガスは、落胆しつつも、己の予言が正しかったことを認め、鮭をそっくりフィンに譲った。これ以降、フィンはなにか思案するたびに親指を咥えるようになった。すると染みこんだ知恵の鮭の力がフィンに注ぎ込まれるのだった。

この知恵の鮭の逸話は大変有名で、『昨晩のご飯はサーモンだったよ』と誰かが言った時に『賢くなれた？』と聞けば、大抵のアイリッシュは『残念ながら知恵の鮭じゃなかったようだよ』と返してくれる。

詩の才能を獲得したフィンはその後、様々な障害を乗り越え、父の名跡を継ぐことに成功した。そしてフィオナ騎士団を率いて、アイルランドの大地を駆け抜けてゆくのだが、その人生は妖精たちに彩られていた。

とりわけ有名なのは、彼の最初の妻であるサヴァとの出会いだろう。実はサヴァは妖精の姫で、意に染まぬ悪いドルイドから逃げてきたのだった。2人の間にはオシンという息子が生まれ、フィオナ騎士団の騎士として、また吟遊詩人として名を成してゆく。

加えて、光の神子《みこ》クーフーリンや、百戦のコン、屈強な猛者フェルグスと、きら星のように語られる英雄たちの中で、フィンはとりわけ農民たちに愛されていたと言える。

なぜなら、彼の登場する話はアイルランド全土に散らばっていて、それらには神話としてのフィオナ騎士団の活躍にはない民話が数多《あまた》語られているからだ。前述の救世の英雄として、また日々の慰めとして、炉辺で語られたのだ。南部ケリーには、そんな英雄妖精の話が数多く残されている。

第二章　ディングルへの道すがらと常若《とこわか》の国へと続く砂浜

ケリー県まで足を伸ばしたなら、ディングルに行かないという手はない。ディングルは、ディングル半島で唯一の町として、また美しい町並みや景観、そしてアイルランド語など独特の文化を残すことでも有名で、一年を通して観光客で賑わう。

キラーニーからディングルに向かうには、車かバスを使うしかない。バスはキラーニーのショッピングセンターに併設されたバスターミナルから出ている。

白と赤のバスに乗り込んで、まずはケリー県の県都トラリーを目指す。街規模はもちろんキラーニーよりも大きいのだが、国定公園の玄関であるキラーニーと比べると日常生活の街という印象だ。この街はアイルランド独立戦争時、大変な数の犠牲者を出したことや、民謡「トラリーのバラ」でも有名である。だがバスセンターは鉄道駅と併設され、街から少し離れたところにある。接続も比較的スムーズなので、待合室で過ごすか、売店で紅茶をオーダーするくらいがオススメだ。

次のバスに乗るとすぐに気がつくだろう。トラリーの中心部を出ると、景色が一気に鄙《ひな》びてくるのだ。と言っても、田舎めくというのではない。牧歌的というか、時代が巻き戻されるというか、古き良き時代の匂いが漂っているのが車窓越しにも伝わってくるのだ。

崖沿いに敷かれた道は曲がりくねり、崖の際にはノボロギクが揺れている。以前、コーク大学のアーカイブで見た、ロバ車に乗って街へ向かう往時の人たち。彼らもここを通ったのだろうか。

時々、山から流れてくる清水が、小さな滝になって流れ落ちている。それらは縒り合いひとつの流れとなって谷に下り川になっている。谷の途中にはポツリポツリと家が見え、羊たちが群れている。

バスは途中、いくつかの橋を渡る。それらは近代的なものではなく、石造りの古めかしい橋で、ここをバスが通る以前から使われていたものを修復して使っているのだろう。この橋にもきっと物語はあるに違いない。しかしバスはお構いなしに、勢いよく橋を渡りきる。

当代アイルランドで最も著名なストーリーテラーの1人エディ・レニハンは、著作『Meeting the other crowd（邦訳・異界のものたちと出遭って）』の中で、妖精や幽霊が消えた理由に、電灯、ラジオ、テレビと共に、便利な車の普及を上げている。徒歩や馬車であれば、そういう不可思議な場所は、ちゃんと不可思議な場所として私たちの前に現れる。しかし車では、あっと言う間に飛び去ってしまう。

以前、ティペラリー県の景勝地マホン川の滝を訪ねた時のこと。気のいいツアーバスの運転手が、突然山道で停車した。エンジントラブルか何かかと一瞬肝を冷やしたのだが、雑音混じりのマイクで説明するには、この道路沿いの茂みは昔から妖精が出る場所として、地元の人たちは夜になると近づかなかったのだそうだ。

とても興味深い話だったが、ＵＶカット加工された車窓から見るそこは、ただのモッサリとしたイラクサの茂みにしか見えなかった。もしこれが往時のように、徒歩や馬車だったら、せめて自転車なら、もっと違っていたのではあるまいか。私たちは便利さと迅速さと引き換えに、沢山のものを置いてきぼりにしてきたのだろう。

ティペラリー県に思いを馳せたときにふと浮かんでくる、妖精に関して外せない事件がある。それは妖精に誘拐されたブリジット・クリアリーのことだ。アラン諸島の項でも少し触れたが、妖精たちは時々人を攫う。それは、音楽の腕を見込まれた竪琴弾きであったり、お産の手伝いをさせるための産婆さんだったりもするが、このチェンジリング、取り替え子と呼ばれる彼らの行いの中で最も標的とされたのが、美しい赤ん坊や若い娘だった。その理由は明らかにされていないが、どうやら長く生きてきたがゆえに種としての力が弱まっているので、そこに新しい血を入れるためらしい。

ずいぶんと現実的な話だ。そして彼らは、攫った子供や大人の代わりに、醜い妖精の子供や、魔法で人の姿にした木の杭などを置いていく。周りの人たちは、チェンジリングと気づかず、突然変わり果てた我が子や、ただベッドに横たわるだけになった家人にオロオロとするだけである。

時に妖精たちは、魂を連れ去るともいう。体はそこにあるが、心はなく、まるで生きた人形のように成り果てるのだ。そんな時、被害者の家族が村の妖精博士に助けを求めることがある。こんな話がある。

フェアリードクター

これは最近96歳で亡くなったキルスーテナのスティーブン・キャグニーによって語られたお話です。

彼は若い頃農場でドュヒーという男と働いていました。ドュヒーには19歳になる美しい娘がいましたが病の床に伏せっていました。近所の人たちは、彼女は「良き人々」に連れ去られたのだろうと噂していました。彼女の家族はそれを否定していましたけれど。


5月のある日、老婆がターフの燃える暖炉と向き合う彼女を見て「お前さんを苦しめているのはなんなんだい？」と訊ねました。そして老婆は、シュリーブナモーン（ティペラリー県にある山。古くから妖精王が住むと伝えられる）の麓に住むフェアリードクターの助けを求めなさいと忠告したのでした。「きっと彼なら娘を助けてくれるだろうから」と。そして、暗くなる前に行って帰ってくるんだとも付け加えました。


ドュヒーに頼まれたスティーブンはまだわずか20歳でしたが、もちろんと引き受けました。

その頃の移動手段と言えば荷馬車しかありませんでしたが、すぐさま彼は力強い鹿毛の馬に引かせた荷車で出かけていきました。ですからスティーブンは昼前に着くことができたのです。

辿り着いた彼はフェアリードクターに事情を説明しました。ドクターはとても小さく、年を取っていましたが、目は小鳥のように輝き、年齢を感じさせない生き生きとした人でした。

彼はスティーブンを家の中へ招じ入れると、娘のことをいくつか質問しました。そして娘のために薬を作っている間に、これでも食べていなさいと、カラス麦のパンと山羊のミルクを振る舞ってくれました。

　ドクターはいくつかの材料を混ぜ合わせ、それを泉から汲んできた水と混ぜ合わせ、半パイント（1パイントは約0・5リットル）ほどを平たく赤黒いガラス瓶に詰めました。そしてしっかりと栓をしてスティーブンに手渡しました。

「なにがあっても、この瓶を守るように。それと霊たちとは話さないように。いまから言うように飲ませれば、きっと娘は良くなるからね」

　スティーブンはすぐさま荷車に乗って帰ることにしました。その途中、3マイルほど行った辺りです。小川があり、急に馬が震え、汗をかき始め、それ以上進もうとしませんでした。

　これはどういうことだと思っていると、黒いフードを被った女がいきなり現れて、一緒に連れて行って欲しいと言いました。スティーブンは何も答えずに荷車から飛び降り、馬を引っ張り、小川を越えました。

　さて、と彼が駆車席に座り直すと、なんと女が荷台に乗っているではありませんか！　スティーブンは激しくむち打ち、馬を走らせました。ポケットにしまった薬瓶を、決して取られないようにしながら。

　やっとのことで、彼はまだ陽のある内にニューイン教会に辿り着きました。教会を目にしたスティーブンは感謝の祈りを捧げました。気がつくと、女はいつの間にか消えてしまっていたのです。ようやくスティーブンは農場に辿り着き、瓶を手渡すと、その場で気絶して倒れてしまいました。そして気がついた後で、往復にあった全てのことをドュヒー家の人たちに話して聞かせました。娘は1週間で快復し、いまでも元気に過ごしているそうです。

(The School's Collection, Volume 0555, Page 188)

これはアイルランド民間伝承委員会（the Irish Folklore Commission）によって1937年から39年の間に、小学生たちの協力を得て、家族やお話し上手の古老たちから地元の民話や妖精譚、そして往時の風俗習慣を蒐集した『The School's Collection』に収められたお話のひとつだ。

日本でも、昔は村や集落には拝み屋さんがいたというが、アイルランドでも同じだったようだ。取り替え子だけでなく、妖精からの悪さや失せ物探しなど、フェアリードクター？　老婆？　は村で時に起こる不思議な事件を、その技で解決した。

もちろん、彼らの力が及ばないこともあった。

ビティ・パーセルの話

昔、リムリック県のコルカモアにビティ・パーセルという娘が住んでいました。

彼女は妹と連れだって、ターフや灯心草を集めに湿地に向かいました。門を抜け、湿地に着いた時、妖精の小さな男の子がやって来て、小枝で彼女の後ろから彼女の足を叩きました。すぐさまビティはひどい痛みに襲われました。妹は「そんなんじゃハエも殺せないよ」と笑うばかり。

ビティがターフと灯心草を集めていると年老いた小さなお婆さんがやって来て、集めた灯心草を分けて欲しいと言いました。けれどビティは、辺りに充分あるのだから、ご自分で集めたらいいじゃないですか、と返したのです。すると、その奇妙な小さな老婆は、ビティの背中を杖で強かに殴りつけたのでした。

家に帰ったビティは、その夜から背中の痛みで寝込んでしまいました。妹は、すぐさま病を治すと評判の男のところに行きました。その男は、一束の緑の葉を妹に渡してこう言いました。

「この葉を煎じて飲ませるがよい。しかし葉が黄色になってしまったら望みはないだろう」

今となってはビティは家の中を七転八倒するほどの苦しみようでした。

妹は、さっそく貰った緑の葉を煎じました。するとどうでしょう、緑だった葉は、黄金のような金色に変わったのです。ビティはそれを飲みほしたものの、その夜亡くなってしまいました。

彼女は自分が死ぬことを知っていたが、打ち明けることは許されなかったのでしょう。

当時55歳になるヘンリー・グラッシー編著のアイルランド民話にも収められたこの話は、ビティの親族からもたらされた話として『The School's Collection, Volume 0505, Page 058』にもコレクションされている。

果たして本当に妖精たちは人々を攫ったのだろうか。事実は誰にも分からないが、ひとつだけ確かなことがある。1895年4月13日付の『ユナイテッド・アイルランド』に掲載された『ティペラリーの夫人、焼かれる』がそれである。

同年3月。ティペラリー県バリバドレアに住むブリジット・クリアリー、当時26歳の無残な焼死体が、自宅から1マイルほど離れた沼で発見される。当局は容疑者として、夫のマイケルや実父など、事件に関わった者たちを逮捕した。

聞けば、ブリジットは妖精に攫われ、容疑者たちが「処理」したものは妖精が置いていった別の「なにか」で、本物のブリジットは町の傍にある妖精砦から姿を現すのだという。

この事件はアイルランドだけでなく、アメリカなどから注目を浴びた。事件のあらましはこうだった。

3月の初め、帰宅したブリジットは体調不良を訴え床に伏した。しかし良くならず、医者にかかることになった。それと同時に、近隣では有名なフェアリードクターの元を家族が訪ね、不思議な薬を処方して貰う。

その後もブリジッドは快方に向かわず、夫マイケルと実父、親類は目の前のブリジットを妖精が置いていった「なにか」だとして、様々な暴力を振るう。伝統的に、妖精は火と鉄に弱いとされ、彼女は火傷を負わされ、殴る蹴るの暴行を受け、さらに怪しげな儀式の後に命を落とすことになった。

だが、その後もマイケルたちの暴走は止まらず、ブリジットの亡骸をランプ油で燃やして沼に遺棄した。そのうえマイケルは、自分の本当の妻は妖精砦から妖精の馬に乗って現れる、馬の手綱を切ってこちら側に戻してやるんだと息巻いていたという。

その後の裁判で関与した親族たちには実刑が下され、マイケルもまた投獄された。この事件は世間の注目を浴び、前述の同年4月13日付『ユナイテッド・アイルランド』紙の記事となった。

また、子供たちの童謡にも、

Are you a witch or Are you a fairy?
Or are you the wife of Michael Cleary?
あなたは魔女なの？　妖精なの？
それともあなたはマイケル・クリアリーの奥さんなの？

と歌われたという（詳細は Angela Bourke『The Burning of Bridget Cleary a true story』に詳しい。また下楠昌哉『妖精のアイルランド』でも詳しく言及されている）。

昔から、妖精に攫われた人たちは彼らの騎馬行列に混ざって、妖精砦から出てくる。彼らが砦から砦へ住処を移すためだ。もしその時に妖精馬から引きずり下ろすことができたなら、攫われた人はこちら側に戻ると伝えられている。

他にも、夜中に妖精（と思しき怪しい４人組）の運ぶ棺桶を目撃した村男が開けてみたら娘が寝ていた、という話があって、村男が聞けば彼女は遠くの町から妖精に攫われたのだという。娘の言うとおりその家を訪ねてみれば、確かに最近葬儀があり、それは娘のだったという。死んだはずの娘が戻ってきて家族は慌てるが、娘を連れてきた村男は受け入れられ、その家で暮らすことになったそうだ。

逆に、上手く妖精馬から引きずり下ろせず、目の前で消えたという事例もあれば、自分から「私は妖精に攫われた者です。どうか助けてください」と願い出る者もいたという。

ブリジット・クリアリーの事件は紛う方なき悲劇である。裁判でフェアリードクターは罪に問われなかったが、明らかに事件を深刻化させた一因である。しかし、いまよりも乳幼児死亡率は高く、医療の未発達だった時代、どれだけの子供や若者が突然命を落としたことだろう。

またポリオによる小児麻痺など、突然の不幸は至るところに潜んでいた。やっと得た我が子が重い病に罹り、重度の障害が残ったり、儚く命を落としたりする。無慈悲な運命に抗しきれなかった父母は自らの非力を責めたことだろう。

5kmにわたって続く美しい砂浜・インチビーチからの眺め

その時、あなたの子供はあまりに可愛かったから妖精に攫われたのだ、あの子は彼らの世界で何不自由なく育っているに違いない、と聞かされることは、せめてもの慰めにはならなかっただろうか。

未開であったから、蒙昧であったから、と言うのはひどく簡単だ。生まれてから一度もその共同体から出たことなく死んでいく者がほとんどだった時代に生み出された歪だが、それでもひとつの共同体を維持するための方便は、いまでも私たちの周りに沢山あるのではないか。

しばらくすると視界が急に開けて海沿いに出る。デイングル湾だ。メーン川などが注ぐこの湾に、目立つ島もないけれど、ここで獲れる海産物は近隣の人たちの生活を、そして命を支えてきた。

崖上の道の途中、ビーチが見えた。白くて長い砂州が伸びている。インチビーチだ。

長さ5キロもあるビーチには多くの観光客が集まっていて、波打ち際で遊んだり、サーフィンなどのマリンスポーツを満喫していた。

大抵のディングル周遊のデイツアーではここに立ち寄るが、妖精巡りとしては、このビーチの対岸に当たるロスベイだろう。先ほど登場したフィオナ騎士団団長フィンマクール。彼の最初の妻サヴァは妖精国の姫だった。その彼女との間に生まれたのがオシン。妖精の血を引く彼もまた、妖精係数の非常に高い人物だった。

こんな話がある。

オシンと妖精の姫

ある日のこと。オシンは気の合う仲間と連れだって狩りに出ました。

その日はどういうわけか、いつにもまして多くの獲物を仕留めることができました。その数の多いこと多いこと。到底一度では持ち帰れるものではありませんでした。

オシンたちは困ってしまいました。なぜなら、当時は戦で上げた勲と同じくらい、狩りの成果は騎士にとって大変重要なものだったのです。もしここに置いていけば、取りに帰る頃には狼たちのご馳走になっているでしょう。

仕方なくオシンは仲間に、持てるだけ持って帰ってくれ、残りは自分が運ぶからと言いました。仲間は、すぐに応援を寄越すから、と応じて城へ戻って行きました。

残った彼は馬を下り、獲物を纏めると、引きずるようにして運び始めました。いかにオシンがフィオナ騎士団にその人ありと謳われた武人でも、1人ではどうにもならなかったのです。さて、どうしたものか、とオシンがため息を吐いたその時、

「お困りのようですね。お手伝いをさせてください」

と鈴を鳴らしたような乙女の声がしました。こんな森の中に？　とそちらを見たオシンは驚きました。そこに立っていたのは美しい衣に身を包んだ『猪豚頭』の乙女だったのです。

オシンは思わず声を上げそうになりましたがグッとこらえました。例え猪豚頭といえども女性に恥をかかす訳にはいきません。

「申し出は有り難いのですがあまりに重く、女性の手には余るものですよ」

「存じ上げております。けれど手助けがないよりはましというものです」

そう言って猪豚頭の乙女はオシンを手伝いはじめました。しかし、1人の力が加わったところでどうしようもありませんでした。仕方なく2人は、ここで夜を明かすことにしました。

焚火を挟んで、オシンは乙女を見つめました。確かに首から上は猪豚の姿をしているのですが、その身なり、立ち居振る舞いには卑しいところは全くありません。

猪豚頭には何か思いも寄らない訳があるのだろう。そう思ったオシンはつい、どうしてあなたは猪

豚の頭なのでしょうか？　と訊ねたのでした。すると乙女はこう言いました。

「わたしの本当の顔は、けっして猪豚などではありません。これには深い訳と、そして魔法の力が働いているのです」

驚くオシンに、彼女は続けました。

「私は、あなたたちが妖精国と呼ぶ『常若の国』の王の娘、ニアヴです。どうか私と共に常若の国に来て下さい」

聞けば、ニアヴの父、妖精国国王は長らく王位に就いているのですが、ある日、娘ニアヴの夫となる者が、その王位を奪うだろう、と予言されたというのです。

王座を失うことを怖れた父王は、美しかったニアヴの顔に魔法をかけて猪豚に変えてしまいました。こうすれば、誰もニアヴを娶ろうとは考えないだろうから、というのが理由でした。もちろんニアヴは嘆き悲しみましたが、父王は元に戻そうとはしてくれませんでした。

しかし、その悲しみように心を動かされたあるドルイドが、ニアヴにこっそりと打ち明けたのです。

「フィオナ騎士団の誰かと結ばれることができれば、あなたの顔は元に戻るでしょう」

その言葉を頼りに地上にやって来たニアヴは、何日も騎士団の様子をうかがっていたのです。そして並み居る騎士の中でオシンこそが自分の夫に相応しいと心に決め、今日、やっと声をかけることができたのだと。ことの次第を聞いたオシンは、それならばと、２人は落ち葉の褥《しとね》で結ばれました。

するとどうでしょう。卑しい魔法は解け、ニアヴの真の顔が露わになったのです。その美しさは並ぶ者なく、その名の通り、『太陽の光』の如き金髪が地上まで垂れていました。ニアヴは言いました。

「ぜひ私と一緒に常若の国においで下さい。ぜひ私の国をあなたにご覧に入れたいのです」

どこからともなくやって来た白馬に乗ると2人は妖精郷へ向かいました。

「常若の国は、波の向こうにあるのです」

ニアヴの言葉は、馬上で鈴の音のように心地よいものでした。2人は波打つ海岸から海原へ、ニアヴの白馬はまるで草原を走るかのように駆けてゆきました。

途中2人は様々な異界異国に立ち寄り、常若の国に辿り着きました。魔法の解けたニアヴを見て父王は驚きましたが、傍らのオシンの美丈夫ぶりがいたく気に入り、何の咎めもなく、婿として彼を迎えたのです。

ニアヴの言うとおり、常若の国には光と香りが溢れ、憂いも悩みもありませんでした。食べ物にも酒にも溢れ、毎日がお祭りのようでした。

しかし、それから3年が過ぎた頃、オシンはふと別れも告げず来てしまったことに気づき、深く悔やむようになりました。必ず戻ると言った友たちは私を今でも探しているのではないか。なにより、暇《いとま》乞いさえしなかった父フィンはどんな気持ちでいるのだろうか。

オシンは、一度でいいからアイルランドに戻って、家族や仲間の顔が見たい、と告げました。しかし、ニアヴは決して首を縦に振りませんでした。二度目も同じでした。

しかし三度目にオシンが頼むと、ニアヴは仕方なくあの白い馬を貸してくれました。

「決してこの馬から降りないで下さい。もしも降りて地上の土を踏めば、二度とあなたは妖精国へ戻れないでしょう」

オシンは「必ず守ろう」と約束をして、来た時と同じように大海原を草原のように駆けて地上に戻ってきました。

しかしどういうことでしょう。地上はオシンの知るところとは全く違っていたのです。騎士団の詰め所があったところ、フィンが住んでいた城、なにもかも深い草の中に埋もれているばかり。何があったと近くにいた土地の者に訊ねてみると、誰もフィオナ騎士団のことを知らないと言います。そればかりか、彼らはオシンよりも小さく、彼らからするとオシンは巨人だったのです。

すると、村の古老が答えて言うには、昔、そんな騎士団があったと伝えられているが、騎士の一人が海を渡って妖精国に行ったきり帰ってこない、しかし、それも300年も昔の話だ、と言うではありませんか。

妖精国で過ごした3年の月日は、地上では300年に等しかったのです。それを知ったオシンは、すべてが空しくなり、海を越えて妖精国へ帰ろうとしました。

すると、道の真ん中に大きな石があって村人たちが難儀しているのが見えました。オシンにとって小石でも、彼らにとっては大岩だったのです。

不意に現れた巨人の騎士に、村人たちはこの岩を退かしてはくれないですか、と頼んできました。無論、弱きを助けるのがフィオナ騎士団の鉄則、とばかりにオシンは馬を下りようと……。

その時、ニアヴの言葉が蘇り、すんでのところで堪えて、無礼ながらと馬上から手を差し伸べ岩を摑むと脇に放り投げました。

ところがその瞬間、こともあろうに鞍の腹帯が切れ、オシンは馬上から転がり落ちてしまったのです。

ズンと鈍い音と共に、オシンは尻餅をついて倒れました。するとどうでしょう。地上で過ぎた300年という歳月が一気にオシンに降り注ぎ、彼の若さと壮健さを奪い去ったのです。

妖精の白馬は嘶《いなな》き去り、村人たちは驚いて逃げ惑い、そこには老いさらばえたオシンだけが取り残されたのでした。

その後、オシンは布教にやって来た聖パトリキウスと出会い、在りし日のことを語って聞かせたという。そのお陰で今の私たちはフィオナ騎士団のこと、オシンの父フィンマクールの物語を知ることができる。

これがアイルランド神話フィニアンサイクルに語られる『オシンと常若の国』のあらましだ。あの時、２人が妖精郷へ旅立った岸辺というのがロスベイだとされる。このオシンの話はアイルランドの浦島太郎として紹介されることがある。

確かに、浦島太郎が訪れた竜宮城も波の底にあり、乙姫様も妖精の女王と言えるかも知れない。なにより西と東の果ての国で、同じような話が伝えられていることに驚かされる。波の音に身を任せ、穏やかなディングル湾を眺めると、確かに、この海原を草原のように駆ける白馬の騎士がいたとしたなら、きっと絵になることだろうと想う。彼が目指すのは、金髪の美姫ニアヴの待つ妖精郷なのだ。

第三章　フンギーとゴルラスの夫人

インチビーチまで来たら、ディングルはすぐそこだ。ここまで来るともう目の前は緑の丘と空で埋め尽くされている。

しばらくすると下り坂になり、それまで縫い走っていた丘が、山のようにそびえ立つ。車窓から見上げる丘には、薄らと轍のような道が見えた。羊飼いたちがつけたものだろうか。よく妖精譚では、夜歩きの途中に妖精たちと出会うシーンがあるが、もしかするとああいう道でも起こったことなのだろうか。

ディングルの街は海岸沿いの、ディングルハーバーに寄り添うように広がっている。急ぎ足で歩けば30分もかからず踏破できるほどの街だが、至るところにあるパブやホテルのロビーからはアイリッシュミュージックが流れ、観光客目当てのご当地海産物を使った「フィッシュ&チップス」やチャウダーの香りに引き寄せられて、30分での踏破はなかなか難しいだろう。他にもウイスキー好き、ご当地ビール好きには堪らないパブがたくさん軒を連ねている。

とりわけ素敵なのがグリーンストリートの、セントメアリー教会の向かいにある「ディックマックス」だろう。１８９９年から営業しているというこのパブには２００種類を越えるウイスキーが並んでいる。店内も、当時から使われていた調度品など、百年以上の歴史が積み重なってのみ醸し出せる雰囲気が漂っている。また都市部のパブでは見られなくなったコージーも健在である。コージーとは、入口近くなどにあるちょっとした小部屋で、神父や女性など、当時は人目を忍んでお酒を飲んでいた人たちに重宝された。いまでもここのコージーはちゃんと使われていて、もちろんここからオーダーもできる。

ハーバーには多くのヨットが停泊していて、船主や観光客の乗船を今か今かと待ち構えている。アイスクリームショップには、最近有名になりつつあるディングルジンを使ったアイスが並び、天気が好い日などは人懐っこい店員が呼び込み用にそれを試食させてくれる。

そんな風にゆるゆると通りを歩いていると、ツーリストオフィスの隣にイルカの銅像があるのに気づくだろう。彼こそがディングルの生きているマスコット、フンギーだ。フンギーはバンドウイルカで、70年代半ば頃から港に姿を見せるようになったそうだ。とても人懐っこく、船に寄り添って泳ぐ様はあっと言う間に人気を呼び、今ではフンギー目当て観光客も多い。

土地の人などに聞くと、フンギーはイルカとしては大変長命（バンドウイルカの寿命は平均25歳ほどらしい）で、恐らくは2代目のイルカではなかろうか、とのことだった。イルカと共に並走できることは大変魅力的で、ハーバーにはフンギーツアーのボートもある。

遊覧船の停泊するエリアから向こうは中心街を出てしまうが、その辺りに小さいながら水族館があり、ペンギンたちと触れあえることで子供たちに人気だ。

この辺りで来た道を振り返ってみると、パノラマが広がっている。緑のパッチワークを広げた丘に、愛らしい店や色とりどりのドアが設えられた家々。そしてハーバーとゆったりと波に上下するヨットのマスト。この街は、海と共に生きているということが潮風と一緒に伝わってくる。

またこの港町は、スペインとの交易で栄えてきたという。正に海路の街だ。アラン諸島やゴールウェイで感じた『海』とはまた違う、なんとなく外海を感じられる。

そして海の妖精と言えば人魚だ。アイルランドで人魚はメロウという。他にもモルーア（海の歌い手の意）やマイディンマーラー（アイルランド語でそのまま海の乙女の意）などの呼び名があるが、メロウが一般的だろう。

女のメロウは大変美しく、緑の髪、銀の鱗に包まれた魚の下半身という誰もが思い描く人魚の姿をしている。しかし男性のメロウはそうではなく、いわゆる半魚人スタイルの豚鼻で、いささか醜い姿をしているらしい。性格は、女メロウは狡猾で、男のメロウは純朴だとも聞く。

またメロウの特徴の一つとして、被っている赤い帽子、コホリンドリューがある。これを失うと、彼らは海に戻れなくなるし、これを被れば、人も自由に海に潜れるようになるのだ。

こんな話がある。

ゴルラスの夫人

昔々、漁師のフィッツジェラルドが海岸を歩いていました。素晴らしいお天気でしたが、彼の心は少しばかり曇り空でした。なぜなら彼には奥さんがおらず、奥さんがいない人生なんて……と常々思っていたのでした。

そんな散歩の途中、岩場の影に美しい金髪の乙女が垣間見えたのです。ジェラルドはすぐさまそれがメロウ――人魚であると悟りました。よくよく見ると傍らには赤い小さな帽子――コホリンドリューがあるではありませんか。ジェラルドは抜き足差し足で忍び寄ると、パッと人魚の帽子を奪ってしまったのです。

もちろん人魚は泣いて返して欲しいと頼みました。けれどジェラルドは、返さない、俺はお前を嫁にしたいと申し出ました。

帽子を取られてしまった人魚は海に帰ることはできません。もう彼女には、彼に従うしか選択肢はありませんでした。幸いにも、ジェラルドは悪人ではありませんでした。

ふたりはそれから仲睦まじい夫婦として暮らし、3年の間に男の子をふたり、女の子をひとりもうけました。その頃になると、人魚は辺りでも評判の働き者として、そして素晴らしい奥さんとして受け入れられていました。

そんなある日。ジェラルドはトラリーまで出かけなくてはならず、人魚と子供たちを残して出かけていきました。

彼を見送った後、人魚は家の掃除を始めましたが、その時、彼女はジェラルドが隠していたコホリンドリューを見つけてしまったのです。これさえあれば海に帰れる。海の王様である父の元に帰れる。そう人魚は思いました。

しかし心残りなのは、ジェラルドのことでしたし、なにより、揺り籠で眠る我が子たちでした。人魚は迷いましたが、

「これで二度と会えなくなるわけじゃないわ。少しの間、海に帰るだけだから」

と子供たちにキスをすると海に向かいました。キラキラ光る波間を見た人魚の心には何の迷いもなく、コホリンドリューを被ると、サッと海に戻ってしまったのでした。

戻ってきたジェラルドは人魚のいないこと、そして隠してあったあの帽子がなくなっていることに気づきました。

彼は方々手を尽くして探し、村人から、奥さんは不思議な帽子を持って海に降りていったよ、と聞かされて、すべてを理解したのです。

その後ジェラルドは、人魚が戻ってくるのをずっとずっと待ち続けたと言います。村人たちも、あんな素晴らしい奥さんが旦那さんや子供たちを棄てて行くはずがない、と言いました。

いつしか人魚のことは、ゴルラスの夫人としてこの辺りで語り継がれるようになりました。

ディングルハーバーの美しい風景

イエイツやクローカーたちの本に収められているこの話の舞台となったスマーウィックは、ノックヴローキンを挟んで北側のディングル半島にある。海路で栄えたこの辺りは、さぞ多くの人魚の逸話があっただろう。もしかするとフンギーは、彼女のことを知っているのかも知れない。

第四章　グレートブラスケット島と語りの女王

ディングルからさらに半島の突端を目指すとダンキンという場所に出る。ここの船着き場まで伸びる石のスロープは、時期になると羊の群れの大渋滞を起こし、その様は絵葉書などの格好の被写体になる。この船着き場から向かうのがグレートブラスケット島。今では誰も住まなくなった無人島だ。

この島には、偉大な語り手が住んでいた。ペイグセイヤーズ。アイルランド語の言語学者として著名な彼女は、同時に稀代のストーリーテラーとしても有名だった。

彼女の残した話は纏められ、音源も多数残っている。特に『I will speak to you all』は、アイルランド語で語られた彼女の話（英語対訳付き）とCD音源が一緒になった一冊だ。その中には妖精の話、聖人の話、そしてまだブラスケット島に人が住んでいた頃の記録が収められている。クリスマスの時期になると街から戻ってくる若者たちについてや、当時は今よりも多かったトラベラー（ジプシーのように鋳掛けなどの仕事をして旅する人たち）の不思議な技について知ることができる。

遠くにグレートブラスケット島が翳《かす》んでいる。今は海鳥たちの楽園になった島に向けて、夏期、遊覧船が出航し、天候が好ければ上陸することができるという。

島には未だに当時の家が残されていて、本土から来島して羊の放牧などは行われているそうだ。人は住まなくなったけれど、放牧などの生活と、そして往時を偲ぶ人たちの中で、島は息づいている。

ダンキンを後にしながら崖沿いの道を走る。曲がりくねった道は、普通車でもすれ違うのがやっとで、霧や雨で視界が悪くなると、突然現れる対向車にひやりとさせられる。

そして見下ろした海岸までの僅かな地に、それでも家が建っている。いわゆるお隣まで歩いて5分かかる、という景色だ。寂しい景色だとも思う。夏は観光客も、そして故郷として訪れる者もいるだろうが、冬にはどうなってしまうのだろう。

本屋で見たアイルランドの景色を収めた写真集に、高波が防波堤の灯台を今にも呑み込みそうな1枚があった。これはハリケーンの時なのか？　と、隣にいたアイリッシュに訊ねると、それはごく普通の冬の日だという。冬になると雨が多くなり風も強くなる。そしてアイルランドの海は荒れ狂う。

妖精譚によれば、人魚を見かけると海が荒れると言って、水夫たちは不吉の象徴としてきたともいう。だが人魚に関係なく、僻地の暮らしは厳しい。それでも、この地を離れない人たちがいる。

「切り離されたようなところだけれど、そこに行くと本当に深呼吸ができる気がするんだよ」

とそのアイリッシュは言った。南部の人たちにとって、このディングル半島の突端はアイリッシュとしての原風景なのだろう。

また道が蛇のように蛇行し、海、そして山肌が入れ替わる。この辺りは街灯も満足に立っていない。ディングルに入るときにも思ったことだが、妖精譚には夜歩きの話がよく出てくる。今のようにテレビやラジオのなかった時代、娯楽と言えば野良仕事が終わった後の集まりだった。ケイリーやクルージアと呼ばれた夜の集いでは、カードゲーム、踊り、歌、そして物語などが語られた。その場は完全に大人だけの集まりで、中には密造酒であるポティーン（芋などから作った度数の強い蒸留酒）が振舞われたという。

そんな集まりからの帰り道。時に妖精や幽霊と出会すことがあったそうだ。それらは時に思いがけない幸運や予言となることもあるが、大抵は肝を冷やしたり、死ぬ思いをさせられる。

そういうのは大抵がプーカの仕業と言われた。曖昧模糊としている妖精の中で、プーカはさらに得体が知れない。ある人は悪魔だといい、ある人は幽霊だという。

しかし、民話や妖精学において、それらの境界線はいつも不確かで、とりわけ幽霊との区別はいつもつかない。そればかりか、プーカは姿すら定まらない。

ある話では人の姿に近いものとして現され、ある話ではロバのような姿をしている。恐らくは変身に長けた妖精なのだろう。大抵は馬の姿で夜道に現れ、不幸な犠牲者を背中に乗せては崖《がけ》を飛び降りたり、はたまた遠い街まで連れ回したりするという。よくして貰った農夫に恩返しをするという話も伝わっているが、おおよそは質の悪い悪戯を仕掛けられて終わることになる。

そう言えば、ダンキンの港の先に見え、そして今も時折、車窓に見えるグレートブラスケット島には、プーカが演奏していたという伝統曲が伝えられている。『Port Na Bpucai』、アイルランド語で『プーカの曲』という意味だ。この曲には、こんな逸話がある。

プーカの歌

ある日、島の男三人がカラッハ（小舟）に乗っていると、不思議な曲が聞こえてきました。それは不気味なようでいて、ひどく印象深い曲でした。乗り合わせた三人のうちの一人がフィドル弾きでした。

「なんとも不思議な曲じゃないか……」

と男は、その不思議な曲に合わせて弾きはじめました。その曲は潮風に乗って、辺りにいつまでも響き渡りました。

その時、採譜されたのが、この曲だと言われている。長い間、妖精が演奏している曲だと伝えられてきたが、近年になって、ザトウクジラの鳴き声が歌に聞こえたのではないか、と言われている。ザトウクジラたちは大西洋を旅し、冬頃アイルランド近海に姿を見せる。

歌や音楽は妖精の好むものの一つとされ、アイルランドのみならず西欧には『妖精に教わった』『妖精が弾いているのを聞いて作った』とされる曲が、たくさん残されている。妖精が忘れていった指輪をくすねることなく返し、教えて貰ったという『金の指輪』など、なるほど彼らが踊りそうだと思える曲もあれば、バンシーリールという恐ろしげな曲名も伝わっている。

第五章　スケリグマイケルと修道士たちの足跡

よく晴れていたら、この辺りの海岸線からはスケリグマイケルという島が見える。ニューグレンジなどのボイン河流域の遺跡と共に、アイルランドの世界遺産のひとつだ。この島はスターウォーズのロケ地として有名だが、もちろん、それ以前から、アイルランドのみならず西欧のキリスト教巡礼の聖地としても名高い。

アイルランドは、宗教と文化のミルフィーユ、と言われることが多い。ケルトと括られることがほとんどのアイルランドだが、丁寧にそのラッピングを解くと、アイルランド独自の層、ケルト文化に影響を受けた層、キリスト教の層、それと混ざり合った土着信仰の層、そしてノルマンやブリテンの層……と様々な顔を見せてくれる。

その中で、スケリグマイケルは、異教の層とキリスト教の層がしっかりと残っている。聖ミカエルを祀った修道院。そして当時の修道士が住んでいたという石造りの小屋が遺されている。この石造りの小屋は、ミツバチの巣箱に似た姿から、ビーハイブ、アイルランド語では『クローハン』と呼ばれる。ここを建設したのはケルト人だと言われるが、その確証はないらしい。

三角錐のように見える島は、切り立った崖で構成されている。その正に孤島という様が、外界からの影響をほとんど受けずに今に至っているという。

グレートブラスケット島と同じく、スケリグマイケルに渡るのは天候次第で、運が悪いと何日も船が出ないことがある。だがクローハンであれば、ディングルに戻る道すがら見ることができる。しかも妖精砦と一緒に。

シールヘッドを過ぎ、暫く道なりに行くと見えてくる看板がある。それには「BEEHIVE HUT（蜂の巣小屋）」と書かれている。スケリグマイケルにあるクローハンと同じ様式の物が、私有地の中に残されているのだ。入場料を払うとクローハンを間近で見られるし、砦にも入ることができる。これらの遺跡も、正確な年代は不明だが、スケリグマイケルと同じように8世紀頃の、初期キリスト教の修道士たちが使っていたと言われている。

モルタルなどで継ぎ目を埋めない、単純に石を積み上げてつくられたハットはとても簡素で、大人が2、3人も入れば満員だ。ここでどんな暮らしをしていたのか、そしてどんな修行をしていたのか。往時、アイルランドは学僧と学問の島として、大陸のヨーロッパから多くの修道士がやって来ていたという。

そんな歴史に思いを巡らせていると現れるのが、スリーヘッドと呼ばれるビュースポットに建つキリストの像だ。それはこの近くで座礁したランガという名前の船で遭難した人々の慰霊のためだという。

スペイン船であるランガは、嵐のため座礁した。その残骸は、今となってはいくつかを残すだけだが、80年代までは、波打ち際にその姿を留めていた。ディーゼル船ですら、そんな危険をはらんでいるのに、飛行機はもちろんエンジンの積まれた船もなく、修道士たちはどれほどの勇気を胸に、この島を目指したのだろうか。

もしも彼らがこの島を目指さなかったなら、アイルランドの妖精譚、そしてその雛形にもなった神話群は残されることなく消えていっただろう。口伝を良しとするアイルランドの伝統だが、修道士たちによって作られた写本に、それら往時の生活が書き留められ、今に伝わる貴重な資料として役立てられている。彼らの勇気と知識、なにより信仰心の賜物だ。

以前、サンティアゴ巡礼途中の歌手・高野陽子さんにディングルから電話したことがある。国際電話にもかかわらず、その音声はとてもクリアで、まるで彼女が隣町にでも滞在しているような雰囲気に感じられた。そう伝えると、彼女がその時滞在していたファステーラという町から真っ直ぐ北上するとディングル辺りに辿り着く、と教えてくれた。彼女のいるファステーラはサンティアゴ巡礼の終着地であり、そこで巡礼時に着ていた服を燃やし、新たな生を受ける儀式があるということだった。生まれ変わった巡礼者たちは、次の旅路として、この島を選んだのかも知れない。

第六章　女神の乳房

隔絶されたようなディングル半島の旅からキラーニーに戻ってくると、その賑わいに驚きつつ、どこかホッとさせられる。日も暮れ始め、長い宵の帷が降りようとしている。

街には大聖堂と教会、そして修道院があって、時刻になると修道院の鐘が鳴り響く。日本では騒音問題で時の鐘などの鐘撞きはほとんど聞かれなくなったが、アイルランドでは今でも現役だ。

修道院の前の道、875号線を行くと22号線と合流し、お隣のコーク県に入り、県都コークへ至る。その合流地点からすぐの大型スーパーを過ぎた辺りから前方を見ると、不思議な光景が目に入る。

両脇にせり出した木々の間から丸みを帯びた山が2つ並んでふっくらとした稜線を描いている。女神の乳房、パップス・オブ・アヌだ。

女神アヌとはどんな存在なのか。マンスター王の手によって900年頃に成立したとされる『コルマクの語彙集』によれば、アヌは『神々の母』であるとされる。また詩歌に登場する『アヌの土地』とはアイルランドそのものを示すという。

つまり神々の母であるダーナと同一視できる存在として知られているのだ。もちろんアヌとダヌは、もしかすると別々の神で、独自の神話を持っていたかも知れないが、それらは遺されていない。

しかし、アイルランドそのものが女神であるという記録はいくつも残されている。初期キリスト教の修道士が書き残した『来寇の書』という神話にこんな下りがある。

三女神とこの国の名前

スペインから上がってきたとされるミレシア族たちが、この島を自分たちの物にするため、タラの丘（ハイキングの住む神聖な場所）に向かう途中のことです。フィドラ、バンバ、エリンという3人の女性が次々に現れました。

彼女たちはタラの丘を治めるダーナ神族のハイキングの后だったのですが、彼女たちはみな一様に、征服した暁にはこの国に私の名前をつけて欲しいと願い出たのです。そしてミレシア族の詩人アマーギンは、最後に願い出たエリンの「もしも私の名前をつけてくれたなら、この島はこの世で最も良い国になり、そこに住むあなたたちは最も良い国民となるだろう」という約束を受け入れました。以後、この緑の島はエリン（アイルランド語でアイルランドの意）と呼ばれるようになったのです。

名前も、そして土地も女神と結びついた島。そして神々が零落した姿が妖精。やはり、アイルランドは妖精の国なのだろう。

パッパスを間近で見たければ、キラーニーからひとつ向こうの「ラスモア」という駅がよいだろう。山自体はキラーニーとラスモアの間にあって、車があればラスモアに至らずともその美しい胸部を眺めることができる。

しかし、このラスモアという地名には重要な意味がある。北海道の地名のほとんどが元はアイヌ語だったように、アイルランドの地名も元々はアイルランド語で記されていて、無論、それにはちゃんと意味が込められていた。

スライゴはSligeachで貝の山の意味で、貝塚があったことに由来する。キラーニーはCill Airneでブラックソーンの枝。ソーンとはスピノサスモモのことで、サンザシと並んで妖精の好む木とされる。そしてラスモアはAn Ráth Mhór。Ráthは砦、Mórは大きい（hは音が変化していることを示す）。つまり大きな砦があるところという意味だ。

砦。つまり妖精砦を指し、しかも、そこには定冠詞Theを意味するAnが付く。アイルランド全土に散らばっている妖精砦ではなく『この妖精砦』という意味なのだ。

女神の乳房にこの妖精砦。ラスモアは、街というには小さすぎる、まるでアラン諸島のイニシマーンのようなところだけれど、この街は、アイルランドの妖精を知る上で、とても重要な場所なのだ。なぜならその砦は、ダーナ神族たちがアイルランドに上陸して最初に作った都市だとされているからである。

ラスモア駅には駅舎があるものの無人駅である。降りたら、陸橋を渡って反対側のホームに降りて、街を目指す。街といっても、寂れた通りという雰囲気だが、それでもパブが2軒あり、カフェやコンビニエンスストアを併設したガソリンスタンド、そして教会もある。ここから6キロほど行くとパッパス、そして『この砦』がある。

72号線をキラーニーに戻るようにして進み、Shroneというサインで左折する。すると目の前には丸いおむすびを並べたような……いや、本当に乳房の如き山影が迫ってくる。真っ直ぐな登り坂をすすむ様は、女神の懐に帰ってゆく、そんな秘儀めいた気持ちさえこみ上げてくる。

いくつかの登りと下りを繰り返して『この妖精砦』に辿り着く。『the City of Shrone —— The City』である。かつてアイルランドを支配していた神々の母であるアヌの乳房の元、なにより彼らが最初に築いた都。弥が上にも期待は高まる。

しかし、そこにあるのはただただ草が生い茂る空き地である。道路が囲い込むようにヘアピンカーブを描いている。きっとその車道を挟んで向かい側の、乳房を見上げるところに看板がなければ、初めて来た人は見落とすだろう。

The Cityは南北に約52メートル、東西に約48メートルの円形砦で、囲う石積みは厚いところでは4メートルに及び、高さは2メートルを超える（E studios Irlandesesによる）。それだけの規模の砦が、ヘリテージセンターによって保全されているわけでもなく、ただ道の途中にあるのだ。砦の中にはい

女神の乳房 The paps of Anu

くつか立石があるが、それもさほどの大きさではなく草に埋もれている。

　そんな中で1番目立つのは、北側の石塀に据えられたマリア像だろうか。ここも、スライゴのラウンドアバウトになっていた妖精砦のようにキリスト信仰の層が覆い被さっている。

　けれどここは1万年以上前にダーナの神々が街を築いた場所だと看板は告げている。1万年前というと、最終氷期が終わり、日本だと縄文時代が始まった頃だ。その頃に、雲の船に乗ってアイルランドに上陸したダーナの民たちが、この地に町を築いた。

　目を瞑り、耳を澄ませ、思い描く。

　一説には、西欧に散らばる円形砦は敵からの侵略を防ぐ要塞というよりも、家畜を狼などの野獣から守るためのものだったそうだ。もちろん一朝事あるときは要塞としても機能しただろう。

アイルランド神話において、アイルランドの神々はギリシアの神々のように超然としておらず、農作業もすれば土木工事にも勤しむ。そしてまた時に戦いで命を落とす。ケルト事典を編纂したベルトハルト・マイヤーも、トゥアハ・デ・ダナーンの項目で魔術に長けた集団、としている。特殊な魔術を除けば、彼らは私たちとなんら変わりがないのだ。この囲い地で羊や鶏を飼い、子を養い、飲んで食べ、歌い、そして死者を見送った。

彼らはこの地上をミレシアンつまりアイルランド人に明け渡すときに遺跡以外何も残していかなかった。彼らの行いや足跡は、すべて『語られた物語』の中だけで見つけることができる。そこに覆い被さってゆくキリスト教、ノルマン、アングロサクソンそして近代化の波。まさにそれこそが現世とティル・ナ・ノーグ——妖精郷を隔てる神秘のベールではないのだろうか。

ゆっくりと砦の中を、円を描くように回ってみる。目を惹いたマリア像の下には供え物のコインや蠟燭、そして水の満たされたガラス瓶が置かれている。そして○に十を組み合わせたケルト十字が彫りつけられた石版。作家であり近隣の小学校で教師を務めるパトリック氏によると、祈りに訪れた人たちが小石を使って描いてゆくのだという。何度何度も祈りのたびに繰り返され、マリアの足下に据えられたのだ。

砦の内側には棄てられた小屋がある。トタン屋根のそれは納屋のようにも、厩舎のようにも見える。それは井戸守の家だという。

砦の傍らには泉が湧いている。土地の人曰く『聖グロブディアの井戸』。アイルランドに多く点在する『ホーリーウェル（聖なる井戸）』のひとつだ。

日本もそうであったように、欧州にも古くから水への信仰があり、特に泉への信仰は厚かった。清らかな水の湧くところには女神が住んでいて、癒しの力を分け与えてくれるという。今のように上水道が完備されていなかった時代、飲料水はどれだけ貴重だったことだろう。

水への古い信仰は、やがてキリスト教に取り込まれ、聖人、そしてマリア信仰に融合してゆく。井戸の中に沈んでいるコインやイコンは祈りの証なのだ。

そしてこの砦にはもうひとつ、古い習慣が残されている。『ラウンド』という祭祀がある。5月1日の朝、この砦にやって来て砦を壁伝いに回る。マリアに祈りを捧げ、井戸の水を持ち帰り、家畜にふりかけ無病多産を祈願した。これはアイルランド古来の土着宗教の祝祭日ベルティネに結びつけられている。今では世界中で行われているハロウィンは、アイルランドの大晦日であり、光の季節が終わる境目の日である。それと対をなすベルティネは光の季節の始まりを告げる日だ。ハロウィンと同じように、その日は彼方と此方の境界線が曖昧になって、妖精たちがやって来る。

彼らに家畜を盗まれたり、悪さをされないように、カウスリップ（黄花九輪桜草）をドアに吊したりする。家畜に聖なる井戸の水を振りまくのも、その名残りだ。ここにはアイルランドの祈りのすべてが降り積もっているのかも知れない。

ザ・シティの聖母像。アイルランドにはキリスト教が根付いている

改めて辺りを見渡し、ふと、ここは奈良の平城宮跡に似ている気がした。広がる緑の野に建つ復元された朱雀門や太極殿。そしてその後方を走る近鉄奈良線。その組み合わせは、不思議と調和しているように感じられた。

人の営み、という共通項が、一見不似合いにも思える歴史建造物と遺跡を繋いでいる。

砦を出ると、トラクターがカーブを曲がっていった。道を挟んで、砦の向かい側からパッパスの麓までトレイルが続いている。あちらこちらの染み出したような水の流れを避けながら、そして浮島のような乾いた地面を足がかりにして進んでゆく。緩やかな登り道だ。気を許すとスライゴの時のように足下が水に捉えられてしまう。

ここからパッパスに登れるのだろう。登山者や、この辺りに放牧している牧夫のつけた道を辿る。

所々、木を敷いた道があり、その下にはチョロチョロと水が流れている。

暫くゆくと湿地には不似合いな、卵のような、背高のプリンのような形をした石があった。立石だろうか。それともなにかの目印だろうか。

ふと足を止めて、改めて眼下のザ・シティを見下ろす。雲が流れて行く。風が頬を打つ。遠くで車のエンジン音、牛の嘶き、そして自分の呼吸。営みの音がする。

この地に生まれ育った郷土史家ダン・クローニンの著作『In The Shadow of the Paps』にこんな物語が収められている。

妖精と試合したミック

ある夜のことです。ミックは友人の家からの帰り道、不意に自分がどこにいるのか分からなくなってしまいました。はて、どうしたものか。こんなことは一度だってありはしなかったのに、と思うミックでしたが、もしかするとこれは昔から話に聞く『妖精の惑わし』ではないか、と疑いました。

そしてミックは言われているとおり、上着を裏返しに着てみました。けれど、道は分からないまま。うーん、呻るミックの耳に、自分の名前を呼ぶ声が届きました。

誰だ？　と首を回して声のする方を見ると、ピョン！　と小鬼のような男が飛び出してきたのです。男は、ぜひともハーリングの助っ人になって欲しいと頼んできました。こんな夜更けにハーリングをしてるなんて、と思ったミックでしたが、ハーリングが大好きだったので助っ人を引き受けました。試合は白熱し、接戦になりましたが、ミックの活躍もあってチームは勝つことができました。チームのみんなはミックを褒め称え、キャプテンはお礼だと言って、それは素晴らしい額をプレゼントしてくれました。ところがミックはそれを受け取った瞬間、ふらふらふら～と意識を失い、その場に倒れてしまったのです。

気がつくと夜が明けていて、ミックは『妖精の指ぬき』と言われるキツネノテブクロの茂みに横たわっていました。何のことやら分からず頭を振りながら、昨夜貰った額を探したが見つかりません。家に戻り、朝ご飯を食べた後、昨日の友人の家に行き、不思議なでき事を話して聞かせました。そんなことがあるのか、ちょっとその場所に行ってみようじゃないか、と友人が言うので、ふたりは連れだってキツネノテブクロの野原に出かけてみました。

しかしそこには、試合の跡などどこにも残っていませんでした。友人は『きっとそれは善き人たちのゲームに紛れ込んでしまったんだな』と言いました。

その後、ミックは何度もその道を、昼も夜も通りましたが、二度とあんなに楽しいハーリングのゲームに出会すことはなかったということです。

アイルランドではよく聞かれる、妖精たちのゲームに人間が紛れ込んでしまう話だ。もしかしたらミックが彼らと一緒にハーリングに興じたのは、こんな荒れ地だったかも知れない。

振り返って女神の乳房を仰ぎ見る。トレイルと、それとは別に伸びる農道は、女神の両乳房の谷間に続いているようだった。

ここに辿り着いたダーナの神々たちは、この2つの膨らんだ山に何を感じたのだろう。遠く故郷を離れて、この地を最初の都市として選んだのは、母の懐を思ってのことなのかもしれない。

母神ダヌー（アヌ）に関する固有の神話は失われてしまって、どんな写本にも、語り部の物語にも出てこない。ただこの地が、女神の肉体だと伝えられているだけだった。

そう言えば、ダーナの神々がアイルランドに辿り着いたのは5月1日のことである。

キラーニーに戻る途中、女神の乳房を臨むラウンドアバウトよりも手前に、ひとつの妖精砦がある。それは22号線から脇に逸れた私有地の中にある。

牛たちの視線を掻い潜り牧場を横断すると、3メートルもある二柱のスタンディングストーンが現れる。門番のような彼らの間を抜けた森の奥に見えてくるのがLissivigeen Stone Circle――リッシビギン・ストーンサークル。現地の人曰く『七人姉妹の妖精砦』だ。

直径約4メートルの環状に並べられた岩。それらは門番の石と比べると随分小さく、腰掛けにちょうどいいくらいの高さしかない。この妖精砦には、こんな話が伝えられている。

七人姉妹の砦

昔々、この国にドルイドという魔法を使う人たちがいた頃のお話です。フレスク川近くに、とても強い力を持ったドルイドが住んでいました。彼はよくあるお話のように暴君でした。

ある年の5月1日前夜のことです。彼は自らが崇める神を祀る祭壇を作ろうと、リッシヒギンにやって来ました。5月1日はドルイドたちにとってとても大事な日で、立派な祭壇を作る必要があったのです。

すると、月明かりの元、子供たちが踊っていました。傍らにはそれを誇らしげに見ている両親の姿がありました。

その頃、5月1日前夜には、何人《なんぴと》たりとも踊ったり歌ったりすることは許されていませんでした。法を破った家族にドルイドは怒り、手にしていた魔法の杖で彼らを石に変えてしまいました。

哀れな9人の家族はそこに石となって立ち尽くすことになったのですが、ただ5月1日前夜になるとドルイドの魔法は解け、一番鶏が鳴くまでの僅かな間だけ、また踊ることができる、と言われています。

(The School's Collection, Volume 0454, Page 396)


魔法によって岩に変えられた人たちが、古くから伝わる祝祭の日（時に満月など）の、ほんの数刻だけ姿を戻すことができる、そういう話はよく妖精砦などにも伝えられている。

一説には、この七つの岩はバズウ、マッハ、アナン（モリガンとも呼ばれる）として知られる戦争の女神の三位一体と、バンバ、フォドラ、エリンの3女神を、そして最後の石はケリー州で今でも記憶されている女神アヌを表すと言われているそうだ。

緑の木々が覆う7人の女神。その傍らにはリボンが結びつけられたサンザシの樹が立っていた。妖精に所縁の場所に時々見られるこれらの樹は妖精樹や癒しの木と呼ばれ、訪れた人が願いや治癒を願ってリボンを結んでゆく。そしてそれが解けたとき願いが叶うと信じられている。

よく見ると、環状の石の中心にも火を焚いた跡や、羽根飾りやコインなどが置かれている。誰かがなにかを願って、ここに置いていったのだ。ニューエイジ哲学で妖精たちは、身近な問題を解決してくれる霊的存在だとされているそうだ。日々のちょっとした悩みや願いを聞き届けてくれるのだという。

しかし彼らは天使や神と違い、ギブ＆テイクで、なにかの見返りを要求するらしい。神代のドルイドたちは、様々な祈願に際し多くの生け贄を捧げたという。食べ物や動物、そして財宝、時に人であったそうだ。規模こそ違え同じなのだろう。

立石の中央に指輪が光っている。青銅器時代に遡るというこの妖精砦は、作られた時から祈りの場であったのだろう。そしてドルイドが神を祀ろうとし、今もまた誰かの祈りが静かに降り積もっている。

繰り返しになるが、これらの砦の多くが危機的状況に立っている。それは、土地所有者による破壊もさることながら、現在は県の開発によって多くが取り壊されているそうだ。

妖精譚の多くは場所と結びついている。ラスモアの郷土史家ダン・クローニン氏の著書には、古い地名が多数掲載されている。その中には『妖精の渡瀬』なども含まれている。きっとなにかのでき事があって、そう名付けられたのだろう。夜毎、妖精たちが渡っていたのか、それともそこで妖精女が経帷子を洗っていたのか。

しかし、そんな地名も行政の区画整理や地名変更で、どんどん忘れ去られて行く。震えて立ち竦んでしまったものだった薄暗い小道は、振り返られることなく車がぶっ飛ばして行く。よく言われるように、人は生物として1度目の死を迎え、その後、覚えている人が誰もいなくなって2度目の死を迎えるという。それは物語も同じことだ。誰もがその地名を、そこに纏わる逸話を忘れてしまったとき、物語は、そしてそこに息づいていた妖精たちも死を迎える。

炉辺で、時に声を潜められて語られた不思議な話たち。そして聞く人の心の内で、また舞台となった土地で踊る妖精たち。彼らの足跡を追いかける旅をしていて、もしかすると妖精譚とは、その土地が見ている夢なのかも知れないと思うようになった。そして妖精は、夢の登場人物。

彼らのルーツは何者で、どこから来てどこへ行くのか。それを知り、彼らの輪郭を明らかにすることは学術的にも意味があることだと思う。同時に、純粋にお話を楽しむことも大事ではないだろうか。何かの集まりで賑やかに話していた場が、フッと静かになる。

誰からともなく「あのさ、実は……」と語り始めた話が重かったり、ひどく心に残ったりした経験はないだろうか。

暗い夜道で出会した、この辺りで見かけたことのないあの人はいったい誰だったのだろうか。突然降りかかった不幸へのやるせなさの矛先は、どこに向けられればいいのか。

不作や天気の不順、そして家畜の突然死、それら身の回りで起こる、どうしようもない（と当時はされてきた）事柄の原因を妖精のせいだとしてやり過ごす。言うことを聞かない子供たちへの戒めのため、彼らの名前を借りて躾をする。なんと私たちの生活に密着した存在なのだろう。果たしてそんな彼らの存在を容認する生活は、懐古趣味や夢見がちなものだろうか。

以前こんなことがあった。アイルランドに住んでいたときのことだ。いつもあるところにハサミがなかった。おかしいな、と探したけれど見つからない。カバンの中にも、フォークやナイフを仕舞ってある引き出しにも、道具箱にもなかった。

ないゾないゾ、と探しながら家中をウロウロしていると、その時ご厄介になっていた家の女主人が「あらあら、そんなに探して出てこないなら、きっと『あの人たち』が借りていったのよ。少しは落ち着いたら？」と笑いながらお茶を淹れてくれた。もちろんあの人たちというのは妖精のことだ。

魔法によって石に変えられてしまったとされる七人姉妹の砦

そう言われて、張り詰めていたこめかみの辺りの力みがフッと解けた。

——ああ、彼らが借りてったなら仕方ないな。

ハサミはその後、なぜか玄関に飾ってあった花瓶の横に置かれていた。活けられていた花は、夜になると香りを強くするナイトセンテッドストックだった。

妖精譚や物語は、何の役にも立たないかも知れない。けれど知っている、覚えているからといって、荷物になる訳ではない。何の道具も要らず、ただ語り、静かに耳を傾ければ違った世界を見せてくれる。物語を楽しむことは同時に、彼らがやって来られる隙間を心に持つことなのかも知れない。

どうしても時間に追われ、効率を優先してしまいがちになるけれど、時には『便利な乗り物』から降りて、自分の足で『その土地』を歩いてみようと思った。

第Ⅴ部

より彼らを知るためのお話7選

アイルランド各地に残る、彼らの足跡を訪ねてきたが、最後に、土地々々で語られているお話を元に、もう少しだけ彼らに近づいてみようと思う。これから紹介するお話は全て前述の The School's Collection から、彼らの性質が窺い知れるものをピックアップし翻訳させて貰ったものだ。

このコレクションの素晴らしいところは、情報提供者の名前、年齢、住んでいるところなどが明記されているところだ。もちろん、話の中に出てくる場所も（今は地名が変わったとしても）実在する。まさに『妖精譚はその土地が見ている夢、妖精はその登場人物』だと思う。往時の人たちの物語は、ある種の『証言』だと言っても過言ではないかもしれない。

第一章　『取り替え子』にまつわるお話

およそ彼らの行いで、もっとも怖れられていたもの。

愛らしい我が子が突然連れ去られ、醜い妖精の子供（といっても歯が全部生えそろっていたり、ミルクの代わりに酒を要求したりするとんでもない子供）を置いてゆく。時に妖精の手は成人女性や音楽家などにも伸ばされ、一陣の風が吹くかのように連れ去られてしまう。

お話その1

老人たちは多くの「迷信」というか「まじない」というか、なにせそんなものを沢山信じていたものなのですよ。墓場とか小麦畑とか、鍛冶場に関してなんかもね。

彼らが言うには、小麦畑がとても危険なんですよ。女性には、特に子供連れの。

農夫とその奥さんがいたんですよ。丁度、収穫の時期でね、旦那は小麦を刈り取って束に縛ったりしてたんです。奥さんもそれを手伝ってました。2人には6ヶ月になる赤ん坊がいたんです。

でも奥さん以外に誰も面倒を見てくれる人がいなかったもんですからね、働いてる近くの、刈り取った麦束の山の上に寝かしておいたんです。

しばらくして、あの人たちが赤ちゃんを連れ去って、代わりに老いぼれを置いてったんですよ。置かれた取り替え子はすぐさま泣き始めましてね。泣き声を聞いた奥さんは、それと気づかずに抱き上げようとしたんですよ、取り替え子を。旦那さんはそれに気がついて止めました。「待て」ってね。お陰で2人の本当の赤ちゃんは戻ってきたんです。

取り替え子は泣き続けてましたけど、奥さんは決して取り替え子に触れようとしませんでした。

もしも奥さんが取り替え子を抱きかかえでもしてたら、2度と本当の赤ちゃんは戻ってきませんでしたよ。

これは私の叔母が語ってくれたお話です。

(The School's Collection, Volume 0378, Page 025 / コーク県　メアリー・オブライエンの話)

よく聞かれる解決法は、卵の殻を煮立てるというもの。中身を捨てて、殻を煮立てる母親に、「それは何をしているんだ？」と取り替え子が聞いてきたときに「卵の殻でウイスキーを醸している」と答えると、「そんな話は初めて聞いた。仲間に教えてやらなきゃ！」

取り替え子は一目散に走り去り、可愛い我が子は元の揺りかごで寝ている。

だが農夫と奥さんの話では、どこまでも我が子（に見える取り替え子）を抱きかかえないことと伝えられている。一番簡単な方法だが、妖精の魔法で惑わされているとしても、泣き叫び続ける我が子を放っておくのは難しいことのように思う。

お話その2

ある夜のことだ。トムって男がギャンブルの帰り道の途中、ちょうど妖精砦の近くを通りかかったところで4人の男に出会ったんだ。奴らは棺を運んでた。

夜、出会したものに触れたら、それは触れた者のものになるっていわれてるんだがな。

トムは男たちに、棺を運ぶの手伝いましょうかって訊ねたんだ。そんで棺に手をかけた。すると棺だけが残されたんだよ。

トムは棺を引き摺って家に帰り、開けてみるとどうだい、中には栗色の髪の毛の娘が横たわっていた。まだ死んじゃいない様子だったから、トムは娘を棺から出すと暖炉の傍にすわらせたんだ。

しかし、娘は口をきけなくなっていたんだよ。別の夜、トムが例の砦の近くを通りかかると、中から話し声がする。

聞けば、あの男たち、そう、棺桶の担ぎ手たちが話してる。

「あの娘が、この水差しから三口飲まない限り、口は聞けやしないさ」

もちろんトムはその水差しを奪って娘に飲ませたよ。娘は普通の人みたいに話せるようになったとさ。

（The School's Collection, Volume 0407, Page 006 / ケリー県・ジョン・シャナハンの話）


棺桶に入れられ運ばれる被害者の話は多い。妖精たちが死者と密接に関係しているからなのだろうか。

難を逃れた被害者は、言葉を失っている場合もまた多い。治すため為には、もう一度彼らと接触しなくてはならない。壁に耳ありではないが、砦から漏れ聞こえてくる声などから、治癒方法が分かる。

この話では、砦の彼らから水差しを奪うという大胆なことをやってのける。昔から砦からは草1本、小石ひとつも持ち出してはならないというのに。しかも彼らの時間である夜に。

お話その3

２人の男がキャッスルアイランドの市に行った時のことです。彼らはトゥールナヒギーの四つ辻まで一緒に来て、そこで別れたんですよ。

１人はマウントコールに。もう１人は自分の家へ。戻ったらベッドに潜り込みましたよ。

男は夢を見たんです。さっきまで一緒だった男が、トゥールナヒギーとマウントコールの間でスピリットに襲われてるところを。

目を覚ました男は心配で眠れなくなって、そこに行ってみたそうなんです。

彼が夢に見たところに着いた時、既に友達は死んでいて、隣りにスピリットが立っていたんですよ。

「お前が俺の友達を殺したのか！」って言うと、スピリットは「そうだ」って。

男は手にしていたハシバミの杖でスピリットに殴りかかったんですよ。ええ、杖がなくなるまで。

そしてスピリットと消えたそうです。

(The School's Collection, Volume 0409, Page 070 / ケリー県・エレン・ホレイー夫人の話)

spiritと書かれているだけで妖精ではないのかも知れない。

しかし、夢で宝の在処《ありか》を知る話などが多く伝えられている。

またハシバミの木は古来、霊的なものと関係があるとされているのも見逃せない点である。

第二章　『目には目を、歯には歯を』にまつわるお話

どれだけ人と同じように見えても、美しくても醜くても、彼らは私たちと違う価値観で生きている。それを見誤ると大変なことになるが、基本は、

「約束を守る」

「彼らの領域に手を出さない」

の2つと言える。極端なことを言うと、お互い不可侵であるのが一番のようだ。それでも、彼らが棲む土地に暮らす人たちは彼らと付き合わざるを得ないことも多く、それゆえ沢山の物語が残されることになる。

特に次に載せる『妖精の音楽を奏でた男』の話は、約束を重要視する彼らの性質をとてもよく表している。

お話その4

昔、ミュンガーフにディギンという老人が住んでいました。彼はこの男爵領で、素朴さと優しさ、そしてパイプ（イーリアンパイプ、もしくはバグパイプ）の腕の素晴らしさで名を知られていました。

ある夜、富くじの集まりがキローグリンの町の北約1マイルにあるリーンの町の家で開催され、それにディギンも参加していました。

その帰り道。彼は町への近道をしたんです。コンノベレーの辻に来た時、彼はうっとりするようなすてきな音楽を耳にしたんです。彼は立ち止まり聞き入りました。彼は辻にある大岩に身を隠し、妖精たちから身を隠したんです。だってそんな美しい音楽を奏でられるなんて、あの人たちしかいませんからね。

「私はただ音楽を聴いてるだけです」

彼はそう呟きました。すると妖精たちは、

「お前が聞いているこの音楽は、お前たちとは違う世界に属している。この曲を真似して演奏する者は誰でも、その報いを受けることになるぞ」

と言ったんです。けれどディギンは素晴らしい耳を持っていて、すっかりその音楽を理解して記憶してしまったんですよ。妖精たちはディギンに、

「もしお前がこの曲を3回演奏したなら、必ず大変なことが起こるだろうよ」

と言って去りました。

次の富くじで、ディギンはその曲を演奏したんですよ。もちろん誰も彼もがすっかり魅了されてしまいました。しばらくして、ディギンは結婚式でも演奏したそうです。それからすぐ、べつの富くじの

集まりで酔ったディギンはもう一度、妖精の曲を演奏したんです。すっかり彼らからの忠告を忘れてね。聴衆は、曲が終わった途端、彼が姿を消したことに驚いたそうです。妖精たちは約束を守ったんですね。復讐のですけど。

ディギンが隠れて彼らの音楽を聴いた石は、今でもコンノベレーのケヘリン農場にありますよ。

(The School's Collection, Volume 0472, Page 028 / ケリー県・男性85歳の話)

彼らは盗み聞きを嫌うようだ。彼らの音楽には様々な魔力があるとされ、時には魂を奪ったり、時には聞くものすべて、たとえそれが椅子だろうが机だろうが何だって踊らせる力があったりする。ある演奏家は、彼らからのお礼として美しい曲を教わったと言われる。もしディギンが約束を守っていたなら、彼らは咎めることはなかったろうが、演奏家にとって、素晴らしい曲を演奏しないでおくというのは無理難題に近いことだっただろう。

お話その5

農夫が、妖精砦を開墾するように言いつけられた。主人は、もし開墾しなかったら、その日の晩飯はなしだと言い置いた。農夫は馬具を付けた馬を連れて砦に向かった。砦に着いたとき、男は自分に祝福を述べ「何が起こっても俺っちの責任じゃないですら」と言った。

いざ、と馬を砦に入れると、不思議な音楽が流れ始め、なんと馬が踊り始めたではないか！　農夫は慌てて戻り、そのことを主人に告げた。

主人はどうも信じない風だったので、農夫は「なら、俺っちと来て下さいよ！　そんで、ご主人様みずからがやってみて下さい」と言った。

そうして2人は砦にとって返し、馬を使って耕そうとした。すると、どうだろう。先ほどと全く同じことが起こり、馬が踊り始めた。彼らは2度と砦を耕そうとはしなかった。

(The School's Collection, Volume 0403, Page 301)

昔から、妖精砦には手を出すな、という不文律がある。しかし様々な理由から、開墾しようとしたり、不用意に近づいてしまうことがある。そんな時に彼らは、彼らの力を行使するのだが、この話では馬が踊り出すという、一見滑稽だが実際に起こると怖れ戦くような事態を引き起こす。この話のように、彼らの音楽にはあらゆるものを踊らせる魔力がある場合が多い。

とはいえ、この話は恐らくまだ警告の段階ではないかと思う。中には農夫の財産ともいえる家畜すべてを殺されてしまったり、家を引き倒されたりするケースも語られている。

このタイプの話に触れるたびに、日本にも広く流布している「稲荷明神などのお社に不敬なことをすると祟られる。下手をすると七代先までそれは続く」というのを思い出す。

第三章　『彼らの不思議な行い』にまつわるお話

彼らは人とは違う価値観に生きている。とはいえ、多くの話では、好意には好意で、悪意には悪意で報いることが多い。が、時にはこちら側に何の落ち度もない（ように見える）場合でも、彼らは牙をむく。

お話その6

ある日、男がラスモアからの帰り道、カマーズというその土地の墓地を通りかかりました。そこは昔から妖精たちが見かけられたところでした。

男がその場所を通りかかった時、突然荷馬車が重くなったのです。見れば馬も歩くのがとても辛そうでした。痩せた馬は、ひどく汗をかいていました。男は、こりゃどうしたことだと、馬を馬車から外して進み始めました。

川にさしかかった時、妖精は荷馬車から飛び降り、川を離れる頃にまた飛び乗ってきました。

男が家に着くと、妖精は先んじて男の前にいたのです。男は家の者を呼んでその話をしました。

それから3、4日して男は亡くなりました。

(The School's Collection, Volume 0451, Page 296)

なんとも釈然としない話である。

男が、昔から妖精が現れる場所を通りかかったから取り憑かれ、そのあと、亡くなった。ただそれだけの話だが、いったいこの男が何をしたというのだろうか。知らぬ間に彼らの不興を買ったのか、それとも彼らの気まぐれなのか。

話からは読み取れないし、恐らくは誰も分からない。ただ、妖精に取り憑かれた男が亡くなったのだ。

お話その7

昔、アテアの丘の麓にドナルって男が住んどった。とても寂しいところに一人でな。そいつは大層恐れ知らずで、夜歩きをよくしとった。

その頃、年寄りたちは良き人々、つまり妖精たちのことをひどく怖れとったんだ。ドナルの母親もそれは同じで、たびたび夜歩きを止めるように注意したのだが無駄だった。

ある夜、それは起こった。

ドナルがカード遊びの帰りのこと、それは夜中の1時頃だったという話だが、ドナルは近道をしようと野っ原と庭を横切ってたんだよ。すると、家から4分の1マイルのところで馬に乗った一行に出《で》会《くわ》した。そのうちの一人が馬を止めると、ドナルに隊列に加われと言う。ドナルは「無理だ。馬なんて持ってないんだから」と返した。だが、男は執拗に誘ったんだ。彼らに出会った者は誰でも、一人では行かせない、それがルールだってね。

一行の頭《かしら》が、間に入ってドナルにこう命じた。そこの庭にある曲がったプラウ（馬に取りつける鋤）を持ってこいって。

頭がプラウに発破をかけると、古ぼけたそれは跳ね馬に変わり、ドナルは隊列に加わって進み始めたんだ。

暫くして、一行はディサート近くのフェエール川に辿り着いた。彼らはみな馬で川を飛び越えていったんだ。

尻込みしたドナルだったが、厄介者になりたくなかったからね、えいやっと川を飛び越えて、無事に向こう側に着地したんだ。ドナルは馬の首を叩きながら「おお、愛しい古いプラウ」とよくやったなぁと褒めたんだよ。

するとだ。馬は消え失せ、古ぼけたプラウが土手に刺さってるだけ。哀れなドナルはとぼとぼと家まで歩いて帰ったって話だ。

（The School's Collection, Volume 0407, Page 091 / ケリー県トーマス・サリバン・50歳の話）

彼らはドナルをどうしようとしたのだろうか。どうしてプラウにかかった魔法は解けたのだろうか。なにより、もしもそのまま彼らについて行っていたら、ドナルはどうなったのだろうか。

単純に考えれば、彼らの仲間になって2度と「こちら側」に戻ってこられなくなるのだろうが、運よく彼は「あちら側」に行かなくて済んだようだ（もちろん、彼がそれを望んでいなかったとしても）。

夜歩きの時に彼らと出会い、ひどい目に遭わされる話は多く語られているが、なぜ彼らはそんな仕打ちをするのだろうか。彼らの時間である夜を我が物顔で闊歩する被害者への警告なのだろうか、それともちょっとした弄びなのだろうか。

短いが『取り替え子』『目には目を歯には歯を』『彼らの不思議な行い』の3つに別けて、アイルランドで採話された話を元に、彼らについて話してみた。知れば知るほど、およそ人とはかけ離れた姿が見えてくるし、なにより往時の人たちが、彼らを敬いつつも忌避してきた事実が見えてくる気がする。

妖精たちとその世界は、目にははっきりと見えないけれど、当時の（そして田舎と呼ばれる土地に住む）人たちの生活の中に溶け込み、馴染んでいる。そして、それは微かだけれど、今でも続いている。

妖精譚の舞台を訪れ、土地の人たちに「良き人たちのことについて何か知りませんか？」と訊ねるたびに、彼らは一瞬首を傾げ「知らないなぁ」と返してくる。しかしよくよく訊ねたり、話をするうちに「ああ、そうだ」と思い出してくれたりする。ハロウィンの夜のことや、5月1日のことなど、彼らに関わる事柄が当たり前になって、ことさら「妖精」と結びついていないこともある。

それは妖精が、日本人が「どうしてご飯を食べる前に手を合わせるの？」と海外の人たちに聞かれて、とっさに答えられないような「生活の一部」になっているからではないだろうか。決してそれは突飛なことではなく、日本人が無意識に神社に対して感じることや、お盆やお正月など、薄まりつつあるとはいえ、それでもしっかりと残されている「風俗」のひとつではないかと思う。

ちょこっと妖精学《妖精猫》

黒妖犬やアザラシ妖精など動物の姿をする妖精は多くいるが、その種すべてが妖精と関係しているとされるのは、やはり猫だろう。

飼い猫の歴史は古く、新石器時代に遡るとされている。その愛くるしさや暗がりを見通す目や、しなやかな身のこなし、また佇まいから醸し出されるどこか超然とした雰囲気も相まって、様々な物語に登場する。

日本では化け猫や猫又が有名だが、アイルランドなど西欧にはケットシーと呼ばれる妖精猫がおり、ペローの長靴を履いた猫などがそれにあたる。もちろん、そういう傑出した妖精猫の他にも、普段私たちに飼われている猫も人語を理解しているという。

　こんな話がある。


昔、背の曲がった男が母親と住んでいました。２人は1匹の猫を飼っていました。ある日のこと、別の猫がやって来てこう言ったのです。

——ヒーリー、家に帰るんだ！　メイソンが亡くなったってよ！

それを聞いた猫は家を出ていきました。

これはどういうことだろうと、背の曲がった男がその後を付けていくと、猫は、とある妖精砦に入っていきました。そこには亡くなったメイソンがいて、多くの猫が、その亡骸の前で泣いておりました。ヒーリーが葬儀を取り仕切り、猫たちは隊列を組んで別の砦に向かい、その亡骸を埋葬しました。猫たちは誰もが嘆き悲しみ、目は涙で濡れていました。それを見届けた男は家に帰りました。

ヒーリーもまた葬儀の後、家に戻ってきたそうです。

(The School's Collection, Volume 0408, Page 125)


日本でも猫は夜になると荒れ寺で集会をするなどと伝えられているが、似たようなものだろうか。猫は同族に篤いというか、そんなことが窺い知れる話だ。

民話などでは、そういう集まりを覗き見た者には手痛い仕打ちが待っているが、この背の曲がった男が何事もなく家に戻れたのは幸運と言えよう。

言葉を喋り、葬式まで行う猫たちは、ある意味で油断がならないともされ、特に恨みを抱いた相手には、地の果てまでも追いかけて仕返しをする。次の話からは、そんな猫の恐ろしさが窺える。


昔、ある男が市からの帰る道でのことです。その日はたまたま遅くなってしまい、男は暗闇の中、森を抜けなければなりませんでした。

その途中、男はなんとレプラコーンと出会したのです。男は、靴屋妖精に「一服しないか?」と訪ねました。レプラコーンは「いや結構」と断りましたが「お前さんは気前の良い男だね」と、手にした剣を男に与えて言いました。「それで、危なっかしい猫から身を守るんだよ」。

靴屋妖精と別れ、男が森を進んでいると猫が現れました。それも1匹や2匹ではありません。猫たちは一斉に飛びかかり、男の乗っている馬の尻尾に捕まったり、背に乗ってきて男を襲おうとしました。

男はレプラコーンから貰った剣で猫たちに切りつけ、殴り、迎え撃ちました。もしもあの時、剣を渡されていなければどんなことになっていたでしょう。

そうこうしているうちに大きな黒猫がやって来ました。大黒猫は飛び上がり、男に襲いかかりました！　男は剣で殴りつけ、どうにか大黒猫を倒すことができました。地面に倒れ、息を引き取る間際、大黒猫は言いました。

――帰ったらウォーティアーに言うがよい。猫の長は殺された。誰もお前を襲わないだろう、と。

家に帰り着いた男は妻に、森であったことをすべて話して聞かせたのでした。と、部屋の隅でその一部始終を聞いていた猫が突然飛び上がると、男の喉に爪を立てたのです！

とっさに妻が、レプラコーンの剣でその猫を殺していなかったから、男は猫に殺されていたでしょうね。

（The School's Collection, Volume 0406, Page 163）

なんと賢く、なんと執念深いことだろう。猫には猫の国があり、その国は猫の王が治めているという。きっとここに出てくる大黒猫は、その王の１人だったに違いない。日本の化け猫伝承よろしく、猫の恨みは末代まで続くのだろう。

もちろん、不吉で危険なことばかりではない。日本では不吉とされている黒猫は幸せの象徴ともされ、見かけると幸運が訪れるといわれている。

妖精名鑑

英雄妖精

神話に登場する英雄たちが、死後、妖精として語られることがよくある。特にフィンマクールを中心としたフィオナ騎士団は、ダーナ神族のように騎馬行列をする姿が伝えられている。

ケリー県キラーニーのオドノフーや、フィッツジェラルド伯など、アーサー王のように今は眠りについているが、なにか大事があれば目覚めて助けてくれる救世の英雄としても語られている。

他にも、不世出の詩人や演奏家が妖精に導かれて、そのまま妖精郷の住人になることもある。有名なのはスコットランドの詩人トマスで、妖精女王に見初められ、7年間妖精郷で暮らす。その後、彼はこちら側に戻ってきたが、年老いて、再び妖精郷へ迎えられる。

異界で若返った彼は、時折、こちら側に戻ってきては同じような楽士を妖精郷に連れて行き、一緒に演奏したという話が残されている。

ガンコナー

『恋を語るもの』の名前を持つ口説き妖精。人気の無い谷に現れては村娘を口説く。うぶな村娘はハンサムなガンコナーに恋い焦がれるが、彼は忽然と姿を消し、村娘は心が張り裂けて死んでしまうという。

別の伝承では、彼らはグループを作りハーリングを楽しんだりするという。

シー

アイルランド語で一般的に「妖精」を指す言葉。その多くは妖精砦や妖精塚（古代の砦跡や墳墓）に住み、月夜の晩に踊ったりする姿が見られたり、彼らの演奏する音楽が聞こえてくることがある。

幼子や若い娘、そして産婆などを、自分たちのために塚の中に連れ去ることもある。また鍋などを貸して欲しいと近隣の家を訪ねてくることもあるという。その時には、礼を尽くして対応すれば、それなりのお返しをもらえることもある。

しかし、どれほど美しく、また言葉巧みであっても、価値観などが人間と違うので、付き合うことはおおよそ忌避される。

シーフラ

トマス・C・クローカーの『アイルランドの妖精伝承』で取り上げられている小妖精。いわゆる小人型で、ジギタリスの帽子を被っていて、誰もが素晴らしく美しいとされる。

彼らだけの王国を持ち、音楽を愛し、月夜に踊る。時に子供、時に大人を攫うなど、妖精に関するおよそすべての習性を持ち合わせている。

アザラシ妖精

海岸沿いあらわれるアザラシの中には、妖精が混じっているとされる。彼らはアザラシの毛皮を纏っていて、晴れの日には海岸でその毛皮を脱ぎ、天日干しにする。

雄のアザラシは男のセルキー、雌のアザラは女のセルキーだとされ、その誰もが美しい姿をしているという。

人魚の赤い帽子のように、毛皮を隠されると海に戻れなくなると言われる。また他の妖精と比べ性質は穏やかで争いを好まないとされ、仲間のアザラシを多く殺した漁師に対しても、2度と殺さないよう誓わせるだけで、具体的な仕返しなどはしなかったという話が伝えられている。

ダーナ神族

キリスト教が入ってくる前、アイルランドで信仰されていたとされる神々。女神ダヌー（アヌ）を祖に持つ集団で、魔法に長けていたとされる。

後からやって来たミレシアン（現在のアイルランド人）に地上の支配権を奪われると、地の底、波の底に移り住み、そこに妖精郷・常若の国（ティル・ナ・ノーグ）を築いた。アイルランド全土に散らばる古墳や砦跡は彼らの住み家とされ怖れられていた。

信仰されることがなくなり、縮んで小人になったとも伝えられるが、大抵は人と変わらぬ大きさで、みな美しく、音楽、遊興を楽しみ、馬を愛する。ハロウィンや5月1日の夜などに、塚や砦から出て来て、騎馬行列を行うとされている

デュラハン

バンシーと同じように死を告げる妖精。死ぬ運命にある者の前に現れる。黒いマントを羽織り、馬を打つ鞭は人間の背骨から作られている。何より恐ろしいのは、デュラハンは切り離された己の首を小脇に抱えている。その由来は、アイルランドの古い、生け贄を求める神であるとされる。

夜道に、蹄の音を立てながら疾走するデュラハンに出会うのはとても不吉で、出会した人に血を浴びせかけるという。デュラハンが立ち止まった家からは死人が出るとされる。

唯一デュラハンが怖がるのは金だと言われ、ケリー県には金歯を投げつけて退散させた話が伝わっている。

バンシー

泣き女。死を予見する妖精と言われ、死人が出る家の門前で泣き叫ぶ。おおよそは名家に憑くとされ、土地の名士が亡くなるときなど何人ものバンシーの号泣が響いたといわれる。

白い服に青ざめた顔、泣き腫らした赤い目をしているとされる。鼻の穴はひとつきりだとも。

間違えられやすいが、死を告げるだけで、死を招く訳ではない。不吉な存在とされるが、時に子守をしてくれたり、チェスの手を教えてくれたりするという。

その起源は、戦女神バドゥといわれる。彼女は岸辺で、戦場で落命した騎士の血塗られた鎧を洗うとされる。今でも目撃譚、声を聞いたという話が報告されていて、遠く離れた土地にもバンシーの泣き声は届くという。

ファージャログ

アイルランド語で「赤い男」を意味する。夜道に現れては旅人や夜歩きする者をひどく驚かせたり、からかったりする。

彼らに出会し、とんでもなく恐ろしい体験をさせられた話は多く伝わっているが、稀に彼らから『語り』の才能を授けられることがあるという。

プーカ

変身妖精。ファージャログのように夜道に現れて手酷いいたずらを仕掛ける。その姿は一定しておらず、牡山羊、ロバ、馬など様々。

特にハロウィンと結び付けられていて、その夜によく現れる。黒イチゴが好物のようで、9月29日の聖ミカエルの日以降、黒イチゴが苦くなるのは、プーカが「これは自分のだ」とおしっこをかけるからだとされる。

メロウ

アイルランドで人魚のこと。他にもモルーア、マイジィェンマーラーなどの呼び名がある。

女性の人魚は魚の尾を持つ美しい姿をしているとされる。一般的に彼女たちは、赤い帽子（コホリンドリュー）を被らないと海に帰ることができなくなるという。美しい姿に見惚れた漁師が帽子を盗み、無理やり夫婦になる話が多く伝えられているが、日本の「天人女房」と同じように、ひょんなことから人魚は帽子を見つけ、海に帰って行く。

彼女たちが大切にしているのは帽子の他に、冠、コートなどの類型がある。アイルランド西部などの港町には、人魚の血を受け継ぐ家があると言う。

男性の人魚は、概して半魚人の姿をした、酒飲みでお人好しだとされる。また海で亡くなった人たちの魂を籠に入れて飼っている。

一般的に人魚と言えば海に住むと思われているが、湖や川などにも現れる。下半身の魚の尾は、人の足に変えることもできるとされていることもある。

リャナンシー

『妖精の恋人』の意味。詩人や音楽家に取り憑き、その命と引き換えに素晴らしい創作の才能、インスピレーションを与える一種の吸血（精）鬼とされる。

もし彼女らの誘惑を拒めば、奴隷のように傅いてくれるとされる。アイルランドを代表する詩人が、素晴らしい作品を残しながらも短命なのは、彼女たちに取り憑かれているからだという。

レプラコーン

アイルランドでもっとも有名な靴屋妖精。小人型で、緑の上っ張りに、赤毛の髭をお腹まで垂らしている。

その名の通り、靴を作っていたり、仲間の妖精が踊りで磨り減らした靴の修理をしている。妖精の中では珍しく働き者で、貯めたお金を壺に入れて隠し持っている。虹の袂に埋まっているとか、タンポポやノボロギクの根元に埋めているとかといわれる。

もしレプラコーンを捕まえることができたなら、金貨の壺の在処を聞き出すことができるという。が、運よく捕まえたとしても、彼らは得意の幻術や話術で逃げてしまう。

『レプラコーンを捕まえた話はよく聞くが、まんまと彼らの金貨をせしめたという話は聞いたことがない』とよく語られる。

あとがきにかえて

妖精について、思いのままに色々と書き連ねてきたが、果たしてこれでどれだけ伝わったか不安になる。正直、知ろうとして調べれば調べるほど、そして知れば知るほど曖昧になっていくのではなかという気もする。

こんな話がある。

昔、町から研究者がやって来ました。彼はこの地方に伝わる妖精伝承を研究していて、ぜひとも「妖精」をその目で見て、その手で触れてみたいと思っていました。彼はまず地元の古老たちが集まるパブに出かけてお話を聞きました。すると一人の古老が言いました。

「ああ、あの人たちかい。だったら村外れにある妖精砦でよく見かけたものだよ」

「そうですか！　ありがとうございます！」

男は喜んでランタンや捕虫網など、いろんな道具を用意して、妖精砦に出かけました。けれど、一晩待っても、妖精どころか、妖しい光も音楽も聞こえてきませんでした。

翌日、男はまた酒場に行き、古老に聞きました。すると別のお爺さんが言いました。

「ああ、あの方たちなら、川向こうで、経帷子を洗っていたよ」

「そうですか！　ありがとうございます！」

男はまた準備万端整えて、向かいました。けれど、一晩待っても、妖精どころか、妖しい光も音楽も聞こえてきませんでした。

翌日、また男は酒場に行って、古老に聞きました。すると別のお爺さんが言いました。

「ああ、良き人たちなら、丘向こうの木立で踊ってるって聞いたよ」

「そうですか！　ありがとうございます！」

男はまた準備万端整えて、向かいました。けれど、結果は同じでした。

そんなことが何度も何度も続きました。男はもう疲れ果て、そして痺れを切らせて、酒場の古老たちに聞きました。

「いったい妖精は、どこに現れて、そしてどんな格好で、どんな生態をしているんですか！」

それを聞いたお爺さんたちは、一瞬目を丸くして、ププッと吹き出すと大笑いしはじめました。

「な、なんなんですか！　あななたちはッ」

赤を真っ赤にして、湯気も出そうな男に、お爺さんが言いました。

「お前さん、よーく考えてみなされ。あの人たちが、どんな姿で、どんな生活をしているのか、はっきり分かったとしたら、それはもう『妖精』ではなくて、新種の動物かなんかだよ」

どこかで読んだ笑い話だが、ある意味、妖精という存在を言い当てていると思う。よく分からないけれど、昔からそこに現れると語られていて、そのように生活をしている。お話、物語には様々な側面があり、受け取り方、楽しみ方も同じく様々だ。

僕は研究者でも学者でもない。昔から伝わるお話を語り、楽しんで貰い、次に伝えることが生業だ。昔々、その場所で、こんな事がありましたよ。こんな不思議なことがあったと言われていますよ。そういうお話を聞いたときに、どう感じたか、どう思ったか、そしてどう受け取ったか。それはもう語り部の手を離れ、聞いた人だけのものだ。

妖精譚を聞いたとき、不思議だなぁ、怖いなぁ、理不尽だなと色んな気持ちが沸き起こる。揺らぎのようなそれは、ゆったりと静かに、けれどとても長く、心に残るのではないだろうか。その揺らぎや揺らめきを通して、彼らを視ることができるのではないか。揺らぐことのできる心の隙間に、彼らはやって来るのではないかと思う。

彼らを追いかけて、様々な場所を訪れてきた。分かったことは何かあるか、と問われれば、些か自信がないのだけれど、彼らに近づくためには、とりもなおさず、彼らの物語を語っていた往時の人たちの気持ちに寄り添うことではないのだろうか。

決して昔のアイルランドの生活は楽ではなかった。Old Ireland in Colour など、現代技術で彩色しなおされた写真を見るとありありと伝わってくる。そんな暮らしの中で、火を囲み、ぽつりぽつりと語られてきた物語。生きていく中で、なにかの楽しみや拠り所があることはどれだけの慰めになったのだろうか。なぜ妖精という、曖昧模糊として、時に理不尽な存在を、大切に語り継いできたのだろうか。

まだまだ知らなくてはならないことが山積みだが、これからも彼らの影を追って、そして往時の語り部に続いていきたいと思う。

最後にお礼を。

資料の使用を快諾してくださった the National Folklore collection の皆さま。

そしてアイルランドで出会った全てのよき隣人たち。

多くの物語を残してくれた先達の語り部たち。

なによりこの本が出ることを心待ちにしてくれていた皆さま。

僕を支えてくれた全ての事象に、１００万回のありがとうを。

Go raibh míle maith agat Anu agus mo pháirtí K2

高畑吉男

アイルランド妖精案内

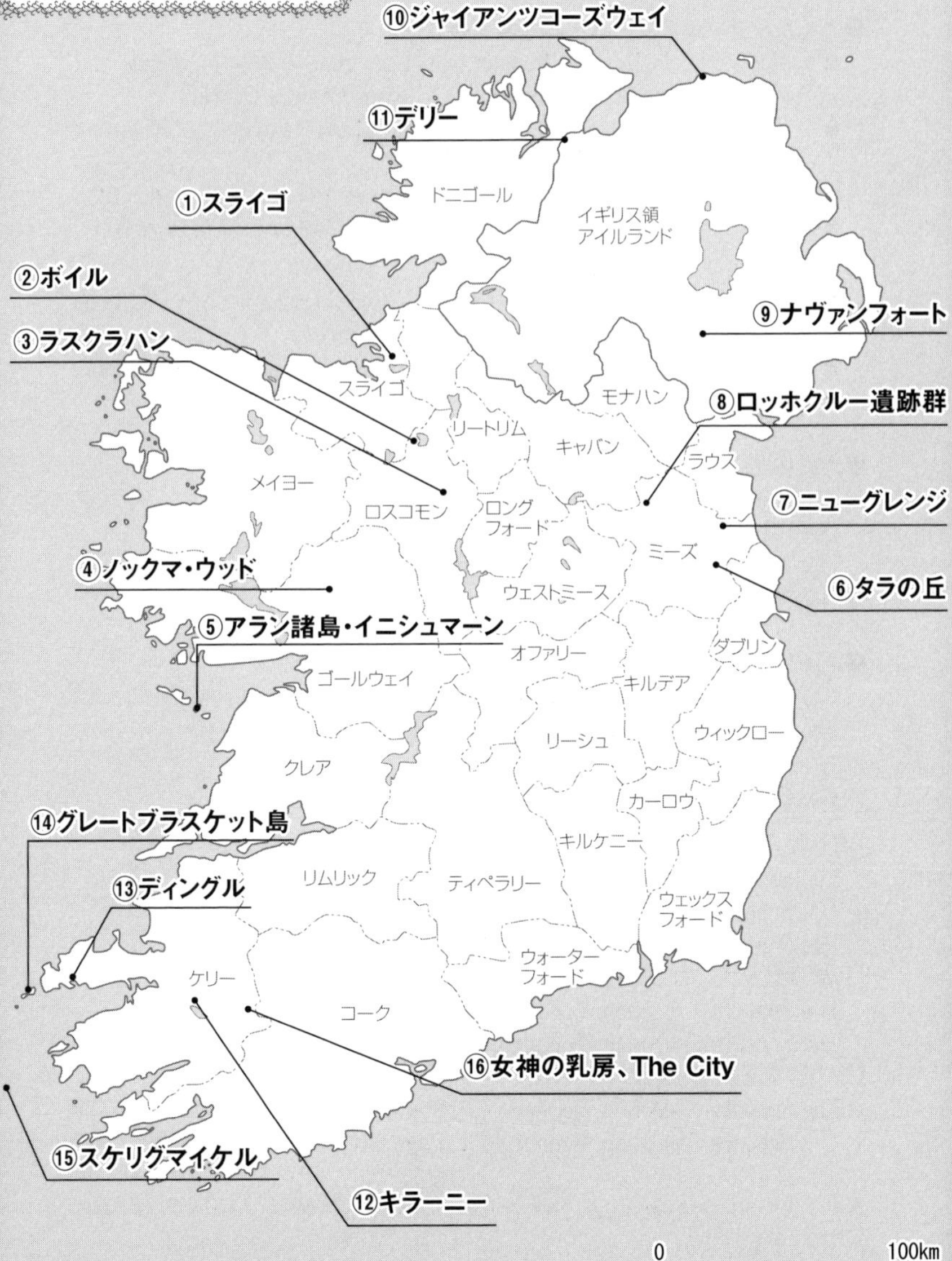

⑩ジャイアンツコーズウェイ
⑪デリー
①スライゴ
②ボイル
③ラスクラハン
④ノックマ・ウッド
⑤アラン諸島・イニシュマーン
⑨ナヴァンフォート
⑧ロッホクルー遺跡群
⑦ニューグレンジ
⑥タラの丘
⑭グレートブラスケット島
⑬ディングル
⑮スケリグマイケル
⑫キラーニー
⑯女神の乳房、The City
ドニゴール
イギリス領
アイルランド
スライゴ
モナハン
リートリム
キャバン
ラウス
メイヨー
ロスコモン
ロング
フォード
ミーズ
ウェストミース
オファリー
ダブリン
ゴールウェイ
キルデア
リーシュ
ウィックロー
クレア
カーロウ
キルケニー
リムリック
ティペラリー
ウェックス
フォード
ウォーター
フォード
ケリー
コーク
0
100km

◇南部篇

●アイルランド南部マンスターの妖精譚について
★オドノフーの伝説（The Legend of O'Donoghue / Fairy Legends and Traditions of the South of Ireland / Thomas Crofton Croker）
★オドノフーと牛飼い（The hurlers of lough Lein / Legends of Killarney / Donal o'cahill's edited collection 1956）
★フェアリードクター（The School's Collection, Volume 0555, Page 188）
★ビティパーセルの話（The School's Collection, Volume 0505, Page 058）

●フンギーとゴルラスの夫人
★ゴルラスの夫人（The Lady of Gollerus/ Fairy Legends and Traditions of the South of Ireland / Thomas Crofton Croker）
★妖精と試合したミック（In yhe shadow of the paps p179 / Dan Cronin）
★七人姉妹の砦　（The School's Collection, Volume 0454, Page 396）

●閑話休題《黒妖犬》
The School's Collection, Volume 0512, Page 087
The School's Collection, Volume 0417, Page 161
The School's Collection, Volume 0406, Page 478
●閑話休題《アザラシ妖精》
The School's Collection, Volume 0298, Page 105
●閑話休題《妖精猫》
The School's Collection, Volume 0408, Page 125
The School's Collection, Volume 0406, Page 163

◇より彼らを知るために

『取り替え子』
The School's Collection, Volume 0378, Page 025
The School's Collection, Volume 0407, Page 006
The School's Collection, Volume 0409, Page 070
『目には目を歯には歯を』
The School's Collection, Volume 0472, Page 028
The School's Collection, Volume 0403, Page 301
『彼らの不思議な行動』
The School's Collection, Volume 0451, Page 296
The School's Collection, Volume 0407, Page 091

※すべてのschool collectionは『the National Folklore Collection, UCD/www.duchas.ie.』によるものです

本書に掲載された妖精譚の出典

◇西部篇

●スライゴ

★全てを失った億万長者（Greg Harkin（4 December 2012）. "Sean Quinn's downfall is fairie's revenge say locals in Cavan". Independent.ie. Retrieved 13 March 2014.）

●ロングフォード県ボイル

★女神シャノンが川になったわけ（The Encyclopedia of Celtic Mythology and Folklore. Infobase Publishing, 2004. p.420）

●ロスコモン県妖精女王の居城

★水棲馬（The School's Collection, Volume 0268, Page 241）

★ミディールとエーディン（The Metrical Dindshenchas, poem 63 Rath Cruachan, p.349./ Edward Gwynn）

★地主の牛と魔女　（The Enchanted Hare / Kerry Folk tals /　Gary Braingn, Luke Eastwood）

★妖精の通り道（The School's Collection, Volume 0410, Page 354）

●ゴールウェイ県チァウム

★妖精の騎手（The ride with the fairies / Ancient Legends, Mystic charms, and surpersitisions of Ireland / Lady Francesca Aperanza Wild）

●アラン諸島

シング『アラン』

☆男が聞いた不思議な音　（島の住人より）

◇東部篇

●ニューグレンジ　『La Mythologie Qeltiqe / 邦題・ケルト神話の世界 ヤン・ブレキリアン』

●ロッホクルー遺跡

★聖パトリックと魔女（ロッホクルー遺跡のガイドより）

◇北部篇

●ナヴァンフォート

★聖パトリックとタラの丘の王（The story of Saint patrick / Ann Carroll / Irish myth&legends in a nutshell book3）

●巨人の作ったジャイアンツコーズウェイ

★巨人フィンとジャイアンツコーズウェイ（Great Irish legends for children p 22/ Yvan Carroll）

本書の参考文献

◇妖精学関連

● Meeting The Other Crowd ~ The Fairy stories of hidden Ireland / Eddie Lenihan（邦訳　異界のものたちと出遭って　埋もれたアイルランドの妖精話　アイルランドフューシャ奈良書店）
● Ancient Legend of Ireland charms & superstitions of Ireland with sketches of the Irish past / Lady Wilde
●妖精事典　キャサリンブリッグズ
●妖精学大全　井村君江

◇民話関連

●アイルランドの民話　ヘンリーグラッシー編
●アラン島　J・M・シング
● Great Irish Legend for children / Yvonne Carroll
● Irish Fairy Tales / Padraic O'Farrell
● The Otherworld Music&Song form Irish Tradition / Rionach Ui Ogain , Tom Sherlock
● In the Shadow of the Paps / DAn Cronin
● Labharfad Le Cach・I Will Speak to You All / Peig Sayers
● Lengend of Killarney / Donal O'cahill
● The Story of Saint Patrick / Ann Carroll

◇史跡、神話、歴史、事件関連

● Rathcroghan and Carnfree Celtic Rpyal Site in Roscommon / Michael Herity
●ケルトの神話　ヤン・ブレキリアン
●ケルト神話　プロイシァス・マッカーナ
●ケルト神話・伝説事典　ミランダ・J・グリーン
●ケルト事典　ベルンハルト・マイヤー
●図説ドルイド　ミランダ・J・グリーン
●イギリスの神話伝説（アイルランドの神話伝説Ⅰ、Ⅱ）　八住利雄
● Oxford dictionary of Celtic Mythology
● Celtic Mythology and Folklore / Patricia Monaghan
●妖精のアイルランド　下楠昌哉
● The Burning of Bridget Cleary A true story / Angela Bourke

【著者略歴】

高畑吉男（たかはた・よしお）

アイルランドを中心とした妖精譚の語り部として精力的に活動中。2010年、アイルランドに妖精学のフィールドワークの為に留学。約1年間、スライゴ、ゴールウェイ、北アイルランドなど、アイルランド神話、民話の舞台を歴訪。その後も毎年、アイルランドと日本を行き来する。2019年、アイルランド南西部ケリー県キラーニーに長期滞在。土地の人たちと交流を重ねながら、さらなる妖精譚への理解と『語り』の普及に努める。Storyteller of Ireland 会員。フェアリー協会会員。

装丁：山添創平

アイルランド妖精《ようせい》物語《ものがたり》

二〇二一年七月二〇日　初版初刷発行

著　者　高畑吉男

発行者　伊藤光祥

発行所　戎光祥出版株式会社

東京都千代田区麹町一－七

相互半蔵門ビル八階

電　話　〇三－五二七五－三三六一㈹

FAX　〇三－五二七五－三三六五

印刷・製本　モリモト印刷株式会社

https://www.ebisukosyo.co.jp

info@ebisukosyo.co.jp

ISBN978-4-86403-394-7